BERTRAM,

OU

LE PIRATE,

MÉLODRAME EN TROIS ACTES,

Par M. RAIMOND;

Musique de M. ALEXANDRE; Ballets de M. RENAUSY;

Décorations de M^{rs}. GUÉ et CICÉRI;

REPRÉSENTÉ, POUR LA PREMIÈRE FOIS, A PARIS, SUR LE THÉÂTRE
DU PANORAMA DRAMATIQUE, LE 26 NOVEMBRE 1822.

~~~~~~~~~~~~~~~~~~~~~~

PRIX : 75 centimes.

~~~~~~~~~~~~~~~~~~~~~~

PARIS,

CHEZ QUOY, LIBRAIRE,

ÉDITEUR DE PIÈCES DE THÉÂTRE,

Boulevard Saint-Martin, N°. 18.

~~~~~~~~~~~~

1822.

PERSONNAGES.	ACTEURS.
Le Comte ALDINI DE CALDORA. . .	M. *Alfred.*
BERTRAM.	M. *Gautier.*
LE SOLITAIRE DE St.-ANSELME. .	M. *Melchior.*
IMOGÈNE, épouse du Comte Aldini de Caldora.	Mᵐᵉ. *Hugens.*
CLOTILDE, suivante d'Imogène. . . .	Mᵐᵉ. *Mercier.*
L'Enfant d'Imogène.	Mˡˡᵉ. *Charlotte.*
BONELLO, } pêcheurs.	M. *Bertin.*
ALIFE,	M. *Vautrin.*
ITULBO, lieutenant et ami de Bertram.	M. *Monnet.*
MUROTI, pirate.	M. *Pradier.*
HUGO, vieil intendant.	M. *Bouffé.*
CONRAD, chevalier.	M. *Edmond.*
Un Chevalier.	M. *Dubiez.*

Soldats d'Aldini, Pirates, Pêcheurs, Paysans, Paysannes.

Dames de la Comtesse.

DANSE : Mᵐˢ. *Renauzy, Begrand, Auguste, Bertolot, Lingot, Guerpont.* Mˡˡᵉˢ. *Adèle, Louisa, Hyacinthe, Ambroisine, Louise et Davezan.*

———

La scène est en Sicile.

Nota. La 1ʳᵉ. et la 2ᵉ. décoration, de M. Cicéri; la 3ᵉ., la 4ᵉ. et la 5ᵉ., de M. Gué.

———

De l'Imprimerie de Nouzou, rue de Cléry, N°. 9.

BERTRAM,

MÉLODRAME EN TROIS ACTES.

ACTE 1ᵉʳ.

Le théâtre représente la terrasse d'un ancien monastère ruiné. Dans le fond, la mer, des rochers, etc. Il fait nuit. Éclairs, tonnerre. L'ouverture doit peindre une tempête.

SCÈNE PREMIÈRE.

ALIFE, BONELLO.

BONELLO.

Miséricorde!.. quelle nuit! as-tu entendu ce coup de tonnerre?

ALIFE.

Par la madone de Caldora, les morts même l'ont entendu. Depuis que je sais conduire une barque et jeter des filets, j'ai essuyé bien des ouragans, mais je n'ai rien vu que je puisse comparer à cette horrible tempête !..

BONELLO.

Ni moi, non plus. Encore devons-nous remercier le ciel de ce qu'il n'a pas permis que nous fussions embarqués ; que serions-nous devenus avec notre chétive nacelle !..

ALIFE.

Et ce vaisseau que j'apperçus hier à la chûte du jour ; il est perdu s'il n'a pas profité de la brise pour s'éloigner de nos côtes.

BONELLO.

Paix !.. n'entends-tu pas ?..

ALIFE.

Rien, et toi.

BONELLO.

J'ai cru distinguer comme un gémissement!.. tiens, écoute.

ALIFE.

En effet, c'est de ce côté.

BONELLO.

Oh ! j'ai l'oreille fine, surtout quand la peur...

Bertram. 1

ALIFE.

Quelque malheureux qui peut-être a besoin de secours... je vais essayer !..

BONELLO.

Reste donc. Ce n'est pas là une voix humaine, et tu sais que la nuit, aux environs de ces ruines, on dit...

ALIFE.

Ne me suis pas, si tu crains quelque chose. Mais que penserait de moi notre digne Solitaire, si je laissais périr un malheureux, qu'il est peut-être en mon pouvoir d'arracher à la mort. Attends-moi là. (*élevant la voix en sortant*). Courage, courage, on va vous porter du secours. (*il s'éloigne, et peu à peu on cesse de l'entendre. L'orage redouble*).

SCÈNE II.

BONELLO, ensuite LE SOLITAIRE.

BONELLO.

L'imprudent !.. il me laisse seul, moi qui ne visite ces ruines qu'en tremblant, même lorsqu'il fait grand jour !.. il faut avoir une conscience aussi tranquille que notre bon Solitaire pour oser habiter un pareil séjour, où depuis longtemps les esprits, les revenans... eh! mon dieu! j'entends du bruit... on approche!.. si c'était!.. je tremble au point de ne pouvoir me soutenir... grand Saint-Nicolas, Saint-Babylas, Saint-Anselme, prenez pitié de moi.

LE SOLITAIRE, *sort des ruines et s'avance en écoutant.*

J'ai cru entendre !

BONELLO, *à genoux.*

On avance! c'est un fantôme!.. je viens de le voir à la lueur des éclairs !.. grâce! grâce !..

LE SOLITAIRE.

C'est toi, Bonello !..

BONELLO.

Quelle voix !.. est-il possible ?.. c'est notre digne Solitaire.

LE SOLITAIRE.

Viens-tu donc près de moi chercher des consolations ? hélas, je ne puis que prier avec toi ; ce moment est affreux, la mémoire de l'homme ne peut s'en retracer de semblable.

BONELLO.

Comment vous êtes-vous trouvé pendant cette horrible nuit ?..

LE SOLITAIRE.

Comme un homme que la crainte n'a pas rendu insensible aux peines d'autrui ; je me suis incliné devant l'autel pour les malheureux sans asile qui sont exposés aux foudres du ciel en courroux ; pour le voyageur égaré dans les montagnes ébranlées par l'orage ; pour le marin abandonné à la merci des vagues périlleuses, jusqu'à ce que le dernier coup, qui grondait sur ma tête, me forçât de crier miséricorde pour moi-même.

BONELLO.

Oh ! ce n'est pas seulement un orage ; non , ce n'est pas là un orage ordinaire... les esprits , les démons...

LE SOLITAIRE.

Paix ! paix !.. n'ajoute pas aux horreurs de cette nuit , les horreurs encore plus terribles de tes craintes impies ; c'est la main du ciel et non celle de l'enfer qui pèse sur nous ; et des pensées comme les tiennes la font appesantir plus rudement encore. (*Bonello se retire à l'écart*).

SCÈNE III.

LE SOLITAIRE, ALIFE, troupe de Pêcheurs.

ALIFE.

Ah ! mon père ! quel spectacle horrible !

LE SOLITAIRE.

Qu'as-tu vu ?

ALIFE.

Un navire, luttant contre la tempête , a été jetté sur les rochers, aux pieds de ces murs. J'ai vu , à la lueur des éclairs , des hommes réduits au plus affreux désespoir ; et , dans les intervalles de l'orage , j'ai entendu les cris des malheureux naufragés.

LE SOLITAIRE.

Que tout le monde se prépare...

ALIFE.

Aucun secours humain ne peut les sauver ; dans une heure leur silence sera éternel , et dès l'aube du jour vous verrez les débris du bâtiment et les cadavres flotter sur la mer agitée.

LE SOLITAIRE.

Puissances célestes ne pouvons-nous rien pour ces infortunés ! tout est possible. Plantez des flambeaux sur les cimes de tous les rochers ; entre les créneaux de toutes les tours. Soutenez le courage des malheureux naufragés par des cris d'espérance dans les pauses de l'orage. Que le tocsin retentisse au loin sur les abîmes. Tout est consolation pour des malheureux dans un danger aussi extrême... tout est possible... un nouvel espoir peut leur donner de la force, et la force peut les sauver. Je cours avec vous...

ALIFE.

Vous oseriez!..

BONELLO.

C'est braver le ciel.

LE SOLITAIRE.

Je pars pour secourir l'homme, et non pour braver Dieu, il protégera celui qui se confie en sa bonté.

(*Grand mouvement sur la scène. Des pêcheurs et quelques paysans, excités par le Solitaire, s'empressent de porter du secours aux naufragés. On essaye de lancer une barque, mais la mer est trop grosse et tous leurs efforts sont impuissans. Le tocsin sonne par intervalles. Des flambeaux allumés sont placés sur la balustrade ruinée et sur les créneaux de la vieille tour. Plusieurs groupes de pêcheurs sont çà et là sur les rochers; ils portent des torches de bois résineux. On distingue à la lueur des éclairs, un vaisseau battu par la tempête. Tout le monde s'arrête et semble découragé.*

SCÈNE IV.
LE SOLITAIRE, BONELLO.

LE SOLITAIRE.

Mes amis, mes enfans, du courage, voulez-vous donc les laisser périr?.. ah! pourquoi les glaces de l'âge ont-elles éteint en moi l'ardeur de la jeunesse! j'aurais partagé vos périls!.. oh! si mes prières pouvaient appaiser les élémens courroucés! ciel!.. attendez, j'entrevois une lueur d'espoir! cette vague a soulevé le navire du rocher où les flots l'avaient jetté. Regardez, regardez... on peut les sauver encore!

BONELLO.

Non, tout est perdu. Entrez, mon père; entrez, avant que les cris des naufragés ne vous glacent d'effroi.

LE SOLITAIRE.

Je n'entrerai pas tant que je verrai un malheureux s'attacher à ces tristes débris; tant qu'une seule voix se fera entendre sur cette mer orageuse, je n'entrerai point.

LES PÊCHEURS, *qui sont sur les rochers.*

Il périt... il périt!

SCÈNE V.
LE SOLITAIRE, ALIFE.

ALIFE.

Eh! bien, je suivrai votre courageux exemple. (*aux pêcheurs*). Ceignez-moi ce cordage, je vais m'élancer dans les flots, et, dussé-je périr, je n'en reviendrai pas que je n'aie sauvé au moins un de ces malheureux.

LE SOLITAIRE.

Brave homme! puisse le ciel protéger ta généreuse audace! (*On attache Alife avec un cordage, passé au-dessous de ses bras; cela fait, il s'agenouille et semble implorer la bénédiction du Solitaire, qui le relève et l'embrasse; puis Alife s'élance dans les flots. Tous les regards sont fixés sur lui; la crainte, l'espoir se peignent successivement sur la figure du Solitaire et de ceux qui l'entourent. Enfin, la tempête devient plus effroyable encore, le ciel paraît tout en feu, les vagues semblent s'élever jusqu'aux nues et le vaisseau s'engloutit. Tous les assistans jettent un cri d'horreur*).

LE PASTEUR.

C'en est fait. Ils ont tous péri!.. et ce généreux Alife!.. ô mon Dieu! daigne du moins le recevoir dans ton sein!.. plus d'espérance! la mer est couverte des débris de leur navire; au milieu de ses vagues en furie, je cherche vainement un homme que la tempête ait épargné. Ils ont tous péri!..

SCÈNE VI.
LE SOLITAIRE, BONELLO.

BONELLO, *entrant précipitamment.*

Non... non... un de ces infortunés luttait contre les vagues et leur cédait tour à tour: sa vie, comme si elle lui eut été indifférente, a été perdue et regagnée cent fois; lui seul semblait se jouer de la tempête... et lui seul a été sauvé.

LE SOLITAIRE.

Lui seul!

BONELLO.

Jusqu'à présent; mais ce n'est pas tout, plusieurs de ses camarades se sont jettés sur des débris du vaisseau; nos compagnons ont redoublé d'efforts, et j'espère que bientôt ces pauvres diables seront hors de danger.

LE SOLITAIRE.

Allez, mes amis, le ciel vous récompensera. Mais cet infortuné ?...

PLUSIEURS VOIX.

Le voilà, le voilà !..

SCÈNE VII.

LE SOLITAIRE, L'ÉTRANGER.

(Le même mouvement continue sur la scène. Alise apporte dans ses bras l'Étranger. Celui-ci est sans connaissance. Leurs vêtemens sont mouillés, Alise le dépose sur un banc de pierre. Tout le monde les entoure.)

LE SOLITAIRE.

Homme protégé du ciel, élève jusqu'à Dieu ta voix reconnaissante, car sa miséricorde envers toi a été miraculeuse.

L'ÉTRANGER.

Qui est autour de moi ?.. où suis-je ?

LE SOLITAIRE.

Sur la côte de Sicile, dans l'ancien monastère de St.-Anselme. Calme tes douleurs, tu ne trouveras en ces lieux que des cœurs compatissans. Ouvre-nous ton âme, afin que nos consolations adoucissent l'amertume de tes peines. Pourquoi donc te désespérer ?

L'ÉTRANGER.

Parce que je vis.

LE SOLITAIRE.

Ta raison s'égare. Pouvons-nous te soulager ?

L'ÉTRANGER.

Oui, plongez-moi dans les vagues dont vous m'avez retiré. Alors le crime sera le vôtre.

LE SOLITAIRE.

Ne l'interrogeons plus, sa tête est égarée. A tout moment ses lèvres sont agitées par des pensées mystérieuses; ses yeux sont incessamment fixés sur un objet terrible, que lui seul peut discerner. Nos soins et le repos le rétabliront. Conduisez-le dans mon habitation.

L'ÉTRANGER, *repoussant les pêcheurs.*

Éloignez-vous, vous êtes hommes; votre présence m'est odieuse. (*Il tombe sur un siège et paraît accablé sous le poids de ses maux*).

SCÈNE VIII.

LE SOLITAIRE, ITULBO, Pirates, Paysans et Pêcheurs.

ITULBO.

Ne songez point à moi, ma vie n'est rien, et je braverais de nouveau les fureurs de la tempête, si vous ne m'assuriez que je reverrai mon capitaine.

LE SOLITAIRE, *lui montrant l'étranger.*

Le voici!..

ITULBO.

Juste ciel!.. c'est lui!.. ah! je vous remercie de ne m'avoir point abusé par une fausse espérance! (*s'agenouillant près du banc sur lequel on a placé l'Étranger*). Mon brave capitaine, mon noble ami!.. je te retrouve, et je puis renouveler le serment que je t'ai fait tant de fois de vivre et de mourir à ton service.

LE SOLITAIRE.

Il ne vous entend pas.

ITULBO.

Il existe!.. c'est tout ce qu'il me faut. Ne le troublez point; affaibli par les évènemens de cette journée, il est tombé dans un de ces sombres accès auxquels il n'est que trop souvent en proie. Dans ces momens là, personne ne peut l'approcher, pas même le plus cher, le plus dévoué de ses amis, et Itulbo se flatte d'avoir mérité ce titre. Voyez comme ses yeux hagards se promènent sur les objets qui l'environnent! éloignez-vous, la plus légère contrariété suffirait pour le rendre redoutable.

LE SOLITAIRE.

Je ne puis abandonner un homme dans cet état affreux.

ITULBO.

C'est à moi de veiller près de lui.

LE SOLITAIRE.

La fatigue vous accable, laissez-moi me charger de ce soin et acceptez les secours qu'il est en notre pouvoir de vous offrir.

ITULBO.

Vous le voulez? point de questions indiscrètes surtout! nous sommes en Sicile, et ce pays lui rappelle de si terribles souvenirs!..

LE SOLITAIRE.

Je veux le soulager, et non connaître la cause de ses malheurs.

Bertram.   2

ITULBO.

Je reviendrai bientôt. O mon capitaine! Itulbo ne se félicite d'avoir conservé sa vie que pour te l'abandonner toute entière. (*Il rentre, suivi des Pirates et guidés par les paysans*).

SCÈNE IX.

LE SOLITAIRE, L'ÉTRANGER, quelques Pêcheurs.

LE PASTEUR, *à l'un des pêcheurs.*

Vous, mes enfans, courez au château ; saluez de ma part notre noble dame, peignez-lui la situation de ces infortunés, implorez ses secours et priez-la de leur accorder un asile à Caldora.

L'ÉTRANGER, *se levant avec fureur.*

Caldora!.. qui a prononcé ce nom? qui ose se jouer ainsi des tourmens que j'endure?.. malheur à ce nom infâme!..

LE SOLITAIRE, *aux pêcheurs, qui, alarmés par la fureur subite de l'Étranger, semblent hésiter à s'éloigner.*

Ne craignez rien pour moi, le ciel ne permettra pas que je succombe, quand je remplis le plus saint des devoirs!.. (*Ils se retirent en tremblant, tandis que l'Étranger, plongé dans le délire le plus affreux, prononce les paroles suivantes, qu'accompagne une musique sourde et sinistre*).

L'ÉTRANGER.

Caldora!.. Aldini!.. noms odieux! noms abhorrés, retentirez-vous donc sans cesse à mon oreille? viendrez-vous à chaque instant de ma vie ranimer ma fureur impuissante et renouveler des regrets éternels? Suis-je encore au pouvoir de cet homme implacable, et n'ai-je échappé à la mort, que pour tomber sous les coups de ce lâche!

LE SOLITAIRE.

Calme-toi !

L'ÉTRANGER, *avec un accent terrible.*

Un homme!.. et je suis seul!.. sans armes, que veux-tu? ma vie est en ton pouvoir, es-tu l'un de ses satellites?

LE SOLITAIRE.

Homme malheureux, dont les seules craintes trahissent l'affreuse position, calme-toi. Je n'ai ni le pouvoir, ni la volonté de te faire aucun mal.

L'ÉTRANGER.

Tu dis que je suis malheureux, et tu dis la vérité; ces vêtemens en lambeaux, ces membres meurtris le témoignent assez. Oui, je suis misérable, et fier de ma misère ; c'est la seule chose qui me reste de l'existence de l'homme.

LE SOLITAIRE.

Montre-moi les blessures de ton âme ! pleures-tu les liens sacrés de la nature ou de l'amour, rompus par la main du ciel ? oh ! non ! ce n'étaient pas des passions tendres, qui étincelaient dans tes yeux égarés,... quel est donc l'esprit malfaisant qui te tourmente ? montre-moi l'ennemi implacable qui habite ton cœur ! est-ce colère, aversion, ou vengeance ?

L'ÉTRANGER. *Il s'élance de son banc, tombe à genoux, et élève ses mains jointes.*

Vengeance ! je voudrais trouver mon ennemi éternel pour en tirer vengeance.

LE SOLITAIRE.

Est-ce un homme ou un esprit infernal qui parle ainsi ?

L'ÉTRANGER.

J'étais homme ; je ne sais plus ce que je suis, ce que les injustices, les crimes des autres hommes ont fait de moi... regarde-moi... qui suis-je ?..

LE SOLITAIRE, *l'approchant.*

Je ne te connais pas.

L'ÉTRANGER.

Tu m'étonnes, car le pauvre se rappelle souvent l'homme qui est tombé du faîte de la fortune et des honneurs ; il n'y a que ses égaux qui l'oublient. Un misérable mendiant m'a bien reconnu, tandis que les miens ne voyaient en moi qu'un étranger. Je ne portais pas ces vêtemens souillés, ces lambeaux impurs dans ces jours de prospérité où tu venais implorer une des aumônes que laissait tomber ma main généreuse. (*Il se rapproche*). Tu ne me connais pas ?

LE SOLITAIRE

Mes yeux sont affaiblis par l'âge, mais cette voix réveille en moi d'étranges pensées.

L'ÉTRANGER.

Écoute donc un récit sans détour ; écoute-le de moi, du comte Bertram... entends-tu ? du comte Bertram, l'idole de son pays et d'une armée entière ; le favori de son Roi, l'homme dont le sourire répandait des bienfaits, dont la volonté seule était une loi sacrée ; c'est lui qui maintenant mendie auprès de toi une goutte d'eau pour rafraîchir ses lèvres desséchées, une couche grossière pour reposer ses membres excédés de douleur....

LE SOLITAIRE.

Est il possible, mon dieu !

L'ÉTRANGER.

Tu sais tout maintenant ; veux-tu me trahir ?

LE SOLITAIRE.

Peux-tu me croire capable d'une telle action ? homme infortuné, trop de chagrins ont déjà pesé sur ta tête altière ; je crains plutôt que tu ne te trahisses toi-même. Tout près d'ici se trouve le château de Caldora, ton mortel ennemi et la cause de tous tes malheurs ; d'anciennes coutumes invitent l'étranger, jetté sur la côte, à passer quelques jours dans ces murs, pour y goûter les douceurs du repos. Si tu n'y parais pas, les soupçons vont s'éveiller, et si tu y parais, tout changé que tu sois, quelque éclat de ta passion viendra te déceler et combler ta ruine. Pourquoi ce trouble subit dans tes yeux ?

BERTRAM.

Que me demandes-tu ? je rêvais que je me trouvais près de Caldora, sans que son œil pénétrant m'eut reconnu, et je sentais une horrible joie ; je concevais je ne sais quelle affreuse espérance.

LE SOLITAIRE.

Calme-toi, tu ne le rencontreras pas ; il s'écoulera bien du temps avant qu'il ne revienne des murs de Palermo, où il combat ceux que tu as entraînés dans ta rébellion.

BERTRAM.

Il combat et je fuis !

LE SOLITAIRE.

Son épouse mène une vie retirée ; sa suite est peu nombreuse... d'où vient que tu souris d'indignation ?...

BERTRAM.

Son épouse mène une vie retirée... peut-être son enfant... oh ! non !... non... c'était une détestable idée.

LE SOLITAIRE.

Je n'entends tes paroles qu'indistinctement ; cependant je m'apperçois qu'elles renferment un sens sinistre.

BERTRAM.

Que je puisse me mesurer avec lui dans toute sa force ; je voudrais que nous fussions ensemble sur l'onde sombre, qu'il n'y eût que la planche d'une étroite nacelle entre nous et la mort, afin de le saisir dans mes bras furieux, de me plonger avec lui dans les vagues irritées, et de lui voir rendre le dernier soupir... en frémissant de tomber sous les coups de Bertram.

LE SOLITAIRE.

Cesse, je t'en supplie, ou les foudres du ciel vont renverser le seul abri que je puisse t'offrir.

BERTRAM, *avec un éclat de rire convulsif.*

Ah... oh... je le vois luttant... je le vois là!.. il meurt et c'est moi!..

LE SOLITAIRE.

Quel horrible état! la force me manque! au secours... je ne puis le contenir...

SCÈNE X.

LE SOLITAIRE, HUGO, ensuite BONELLO, BERTRAM.

HUGO.

Bon père, la dame de Caldora...

BERTRAM.

Qu'entends-je?

HUGO.

Voulant partager avec vous le plaisir de secourir ces malheureux naufagés, va se rendre au monastère...

BERTRAM.

C'est-elle!.. elle respire!.. si près de moi!.. ah! je cours!..

LE SOLITAIRE, *l'arrêtant.*

Imprudent!..

BERTRAM, *baissant la voix.*

Tu as raison, je ne dois plus la revoir, car maintenant je suis indigne d'elle. Un proscrit, un coupable!.. viens, viens, arrache-moi de ces lieux, l'air qu'on y respire est mortel.

LE SOLITAIRE, *à quelques pêcheurs qui sont accourus à ses cris.*

Eloignez cet infortuné. (*à Hugo*). Dans un instant, je suis aux ordres de votre maîtresse.

(*Il rentre dans son habitation; et, aidé des pêcheurs, emmène Bertram*).

SCÈNE XI.

HUGO, BONELLO.

BONELLO.

Quel peut-être cet homme, messire Hugo? il est vraiment effrayant.

HUGO.

Que nous importe!.. tout ce que nous avons besoin de savoir, c'est qu'il va falloir loger tout cela au château et que c'est encore de l'embarras pour nous.

BONELLO.

Que voulez-vous ? l'hospitalité est une des vertus de notre noble dame, et tous vos regrets, toutes vos doléances ne l'empêcheront jamais de l'exercer. C'est son plus grand plaisir.

HUGO.

Ouvrir les portes de son château à tous les vagabonds qui s'y présentent !.. le beau plaisir !..

BONELLO.

Il est certain que ce ne sera jamais le vôtre ; n'est-ce pas, sire intendant ?

HUGO.

Encore si la comtesse Aldini ne répandait ses bienfaits que sur des hommes recommandables !

BONELLO.

Sans doute, des pourboires à ses gens, des gratifications à ses écuyers et des cadeaux à son intendant.

HUGO.

Mais non, toujours des étrangers, des paysans !..

BONELLO.

C'est une horreur !.. préférer les bénédictions des malheureux aux remercimens de gens qui n'ont besoin de rien !

HUGO.

Et toutes ces bénédictions ne la rendent pas plus heureuse.

BONELLO.

Cette pauvre dame !.. pourquoi donc la voyons-nous toujours si sombre ?.. si triste ?..

HUGO.

Ah ! pourquoi !.. pourquoi !.. j'avais bien dit que ce mariage-là !..

BONELLO.

C'est donc le comte qui cause son chagrin ?

HUGO.

Non, non, ce n'est pas le comte.

BONELLO.

Cependant, il est toujours en voyage.

HUGO.

Possédant la confiance du monarque, il a des devoirs à remplir ; dans ce moment, il commande les troupes destinées à combattre le fameux pirate Bertram !.. et nous ne le reverrons point qu'il n'ait délivré la Sicile de ces brigands qui la dévastent.

BONELLO.

N'importe ; un mari qui n'est jamais chez lui, ça n'est pas gai pour une femme.

HUGO.

Pour une femme qui aime son époux ; mais. .

BONELLO.

Qu'est-ce que vous me dites là, maître Hugo? comment, il serait possible?..

HUGO.

Chut !.. voilà madame la comtesse avec mademoiselle Clotilde, sa suivante ; va t'en, je ne veux pas qu'elle me voie causer avec toi.

BONELLO.

Je n'y tiens pas beaucoup non plus ; ainsi, serviteur.

SCÈNE XII.

IMOGÈNE, CLOTILDE, Suite.

(Imogène est triste, une sombre mélancolie se peint dans tous ses traits. Elle entre lentement et paraît plongée dans une profonde rêverie. Clotilde fait signe à Hugo de se retirer ; il obéit. La suite d'Imogène s'éloigne avec lui).

CLOTILDE.

Allons, madame, cessez de vous livrer à ces tristes pensées ; l'orage est apaisé, le ciel a exaucé vos vœux. La plupart de ces malheureux vont être sauvés et votre bienfaisance va leur faire oublier leurs désastres.

IMOGÈNE.

Tu as raison. La seule idée de soulager les maux des autres peut encore me causer quelques instants de plaisir.

CLOTILDE.

D'ici, la vue est superbe ; si vous m'en croyez, nous nous reposerons au milieu de ces ruines ; et, en attendant l'arrivée du digne père Laurencio, nous reprendrons notre conversation.

IMOGÈNE.

Pourquoi veux-tu, ma bonne Clotilde, que je détruise une illusion qui t'est chère?.. tu aimes, ton amour fait ton bonheur, et tu ne peux croire que cette passion soit pour d'autres le tourment le plus cruel !.. Il me serait bien facile de t'en donner la preuve.

CLOTILDE.

Parlez, madame, j'ai tant de plaisir à vous entendre.

IMOGÈNE.

Écoute. J'ai connu l'une de ces femmes infortunées dont l'amour a causé le malheur éternel. Elle était d'une humble naissance, cependant elle osait aimer un jeune seigneur, fier et altier, favori de son souverain; comblé de gloire, il daignait la regarder tendrement. Il tomba soudain dans la disgrâce, ses bannières flottantes furent arrachées des tours de son manoir par un implacable ennemi. Exilé, avili, sans demeure, sans nom, il se sauva de dangers en dangers, pour conserver sa vie. Aucun vassal fidèle ne le suivit, car la crainte avait saisi tout le monde, excepté une faible femme, qui, malgré la honte et la misère de ce chevalier, ne cessa jamais de l'aimer. Bientôt ses maux devinrent plus affreux encore. Dépouillé de sa haute renommée, ce malheureux s'associa, avec des hommes désespérés, dans des entreprises dangereuses. Un changement si extraordinaire s'opéra dans son caractère et dans son cœur, que celle même qui l'avait porté dans son sein, sa mère, reculait à sa vue, et ne reconnaissait plus l'étrange physionomie de son fils. Cependant son amie l'aimait toujours, et l'aimait sans espoir!..

CLOTILDE.

Infortunée! qu'est-elle devenue?

IMOGÈNE.

Tu ne la croirais pas malheureuse; tout ce qui l'entoure annonce le bonheur. Lorsqu'elle sort, la foule de ses vassaux se prosterne sur son passage, et des pages obéissans s'empressent de prévenir ses moindres désirs; mais on ne la voit pas dans la solitude; c'est là sa retraite chérie, car elle pleure, et son époux ne l'entend pas.

CLOTILDE.

Son époux!.. comment a-t-elle pu former des liens aussi sacrés?..

IMOGÈNE.

Que pouvais-je faire grand dieu!.. as-tu vu ta famille accablée de malheurs? as-tu souffert de sa honte et de son indigence? près d'un père infirme, as-tu lu dans ses regards les angoisses du désespoir? j'aurais tout sacrifié pour éviter cette union; mais mes devoirs, ou peut-être une fatalité irrésistible entraîna mes esprits; car ma mémoire me retrace avec peine des événemens

passés depuis de longues années, et j'ignore le moment où ma
main fut donnée au comte Aldini.

CLOTILDE.

Puissances du ciel!.. était-ce vraiment vous-même?

IMOGÈNE.

Oui, je suis cette malheureuse, l'épouse d'un homme ho-
noré, d'un noble, la mère d'un enfant dont les sourires me
poignardent. Mais toi, (*frappant son cœur*), tu es encore à
Bertram, à Bertram pour toujours.

CLOTILDE.

Oh! madame! vous me faites frémir!..

IMOGÈNE.

Observe-moi bien, Clotilde!.. je ne suis pas de ces femmes
coupables qui cherchent à voiler leurs désordres criminels du
prétexte d'une passion invincible. Je suis une épouse malheureuse, mais pure. Je n'ai été que trop obéissante à mon père!
mais, hélas! les tourmens d'un cœur tendre, navré par le besoin d'une miséricorde qu'il ne peut inspirer, pour qui une
parole de tendresse ou de pitié est un coup de poignard; crois-
moi, voilà ce qui passe toutes les douleurs. Oh! je ne saurais
te peindre ma misère...   (*Elle pleure*).

CLOTILDE.

Calmez-vous, Imogène... une foule d'hommes s'approche
conduite par vos vassaux; ce sont, sans doute, les malheureux naufragés qui viennent vous remercier de votre compassion généreuse.

IMOGÈNE, *avec force.*

Clotilde! . pas un mot! (*Clotilde met la main sur son
cœur et semble lui promettre un secret éternel*).

SCÈNE XIII.

CLOTILDE, IMOGÈNE, BONELLO, ITULBO,
Pirates, Pêcheurs, suite d'Imogène.

BONELLO.

Venez, braves gens, voici votre bienfaitrice. Cette bonne
dame vous accorde un asile dans son château, et je vous réponds que vous ne le quitterez point que toutes vos pertes ne
soient réparées.

ITULBO, *à part.*

Nous l'espérons bien.

Bertram.   3

BONELLO.

Eh ! bien, qu'attendez-vous ? tombez-donc aux pieds de la comtesse, et remerciez-la de ses bontés.

ITULBO.

C'est juste. (*s'agenouillant*). Recevez nos actions de grâces, madame, et croyez à toute notre reconnaissance. (*Tous les pirates se mettent à genoux, à l'imitation d'Itulbo*).

IMOGÈNE.

Soyez sûrs, mes amis, que je n'oublierai rien de ce qui peut adoucir vos infortunes.

(*En ce moment des cris affreux se font entendre*).

ITULBO, se levant avec précipitation.

Quels cris !.. je crois distinguer la voix du chef !.. c'est lui-même !.. il paraît furieux !.. on veut en vain le retenir !.. il s'échappe !.. on le poursuit.

SCÈNE XIV.

Les Mêmes, BERTRAM, LE SOLITAIRE.

BERTRAM, *avec rage.*

Laissez-moi fuir ? je ne veux plus la voir, je ne veux plus.. (*il arrive en courant près d'Imogène, jette les yeux sur elle, cache sa figure dans ses mains et recule précipitamment en s'écriant avec un accent terrible:*) grand dieu !..

LE SOLITAIRE, *bas à Bertram.*

Infortuné ! veux-tu donc te trahir !..

IMOGÈNE.

Qui est cet homme ?

BERTRAM, *avec rage.*

Me faudra-t-il encore supporter sa présence !

(*il tombe accablé*).

IMOGÈNE.

Sa vue me cause un effroi !..

BONELLO ET LES PÊCHEURS.

Qu'il s'éloigne !..

ITULBO, *se plaçant devant Bertram.*

Par la mort, malheur à qui oserait employer contre lui la moindre violence ! (*Les pirates et Itulbo, placés devant Bertram, s'opposent à ce qu'on l'approche. Imogène éprouve un sentiment de terreur dont elle cherche vainement à se rendre compte. Elle paraît vouloir s'éloigner. Clotilde la soutient, et le Solitaire l'excite à se retirer. Ses femmes et ses écuyers l'entourent avec crainte*).

Fin du premier acte.

ACTE II.

*Le théâtre représente une terrasse du château de Caldora;
çà et là, des groupes d'arbres touffus qui rendent l'aspect
de ce lieu sombre et mélancolique. A travers les masses
d'arbres, qui forment les premiers plans, on distingue des
tours et une partie du donjon. Le théâtre est éclairé par la
lune.*

SCÈNE PREMIÈRE.

HUGO, ITULBO, ALIFE et Pirates dans le fond.

*(Au lever du rideau, tous les pirates, tenant à la main
des bouteilles, des pots et des gobelets, forment divers
groupes et sont dans l'attitude de gens qui écoutent avec
crainte).*

ITULBO, à *Hugo.*

Eh! bien, quoi?.. j'ai beau écouter de toutes mes oreilles,
je n'entends rien.

HUGO.

Ni moi non plus.

ITULBO.

Eh! que diable nous disais-tu donc?

HUGO.

J'avais l'honneur de vous faire observer que ce bosquet était
la promenade favorite de la comtesse, et je vous invitais à ré-
primer un peu les éclats bruyans de votre joie.

ITULBO.

Nous avons échappé comme par miracle à la mort la plus
affreuse, et tu ne veux pas que nous nous réjouissions! ta dame
a de quoi se promener sans être forcée de nous entendre! ce
château est si vaste!.. il a tant d'issues dérobées, de petits es-
caliers, de galeries secrettes!.. c'est que je connais tout ça,
moi!.. je suis né à deux mille d'ici, tout au plus!.. mon père
était un honnête pêcheur; dans ce temps, le château était
tant soit peu abandonné, et j'en ai parcouru les souterrains
plus de cent fois!..

HUGO.

C'est fort bien, mais j'ai l'honneur de vous répéter que madame la comtesse...

ITULBO.

Si ta dame est aussi bonne que tu le dis, elle ne peut nou

blâmer ; allons, allons, camarades, encore un coup et la petite chanson.

TOUS.

A boire, à boire.

BONELLO.

Ces gens-là sont bien peu respectueux avec vous, seigneur intendant.

HUGO.

Mon pauvre Bonello, j'ai grand peur qu'ils ne soient indignes des bienfaits de la comtesse Aldini.

UN PIRATE.

Premier Couplet.

Quand le chef est à notre tête,
Rien ne peut arrêter nos pas,
Bravant le fer et la tempête,
Gaîment nous volons au trépas.

HUGO, *bas à Bonello.*

Mon ami, ce sont des mécréans.

LE PIRATE, *continuant.*

Mais sur la plage hospitalière,
Où l'on daigne nous recueillir,
Nous oublions le cri de guerre
Pour ne chanter que le plaisir.

CHOEUR DE PIRATES.

Nous oublions, etc.

ITULBO.

Sire intendant, les munitions vont nous manquer.

BONELLO.

Comme ils boivent !..

HUGO, *très-bas.*

Ce sont des vagabonds.

ITULBO.

Tu as l'air de regretter ton vin d'Espagne ; il n'est pas mauvais, mais donne-nous un joli petit bâtiment, armé en course, nous t'en procurerons de meilleur que celui-là et qui ne te coûtera pas cher.

HUGO, *toujours très-bas.*

Vois-tu, ce sont des contrebandiers.

ITUBO.

Buvons, et toi, continue.

LE PIRATE.

Deuxième Couplet.

Malheur à qui, dans son audace,

S'attira votre inimitié!..
Jamais nous n'accordons de grâce ;
Pour lui nous sommes sans pitié,

HUGO , *bas à Bonello.*

Plus de doute, ce sont des brigands.

LE PIRATE , *continuant.*

Mais cette liqueur salutaire
Sans peine sait nous attendrir ;
Nous oublions le cri de guerre
Pour ne chanter que le plaisir.

CHOEUR.

Nous oublions, etc.

SCÈNE II.

Les Mêmes , CLOTILDE.

CLOTILDE.

Hugo, madame la Comtesse vous ordonne de conduire ces
étrangers dans la grande salle du château.

HUGO.

Vous l'entendez , messieurs ?

ITULBO , *un peu échauffé par le vin.*

Notre joie ne peut importuner la Comtesse , puisque ses
bienfaits en sont la cause. Nous resterons, ne fut-ce que pour
la remercier.

HUGO , *à part.*

Quand je disais que c'étaient des coquins !

CLOTILDE.

C'est ici que madame fait chaque jour ses promenades so-
litaires , et la preuve la plus sûre que vous puissiez lui donner
de votre reconnaissance, c'est de vous conformer à ses désirs.

ITULBO.

Bah! bah! la jolie suivante, je vous réponds que votre
maîtresse ne sera pas fâchée de nous voir. Allons, vieux bon-
homme , donne-nous du vin et dépêche-toi.

HUGO.

Décidément, ce sont des scélérats.

(*Enveloppé dans un grand manteau, Bertram a traversé
le théâtre presque sur les pas de Clotilde ; il s'est arrêté
pour entendre le dialogue précédent*).

ITULBO , *à Hugo.*

Tu refuses, je crois !.. par la mort !..

(*Il marche sur Hugo, presque tous les pirates suivent
son exemple ; mais ils sont arrêtés par la présence de Ber-*

tram, qui, toujours couvert de son manteau, se place entr'eux et Hugo).

BERTRAM, *d'une voix forte.*

Misérables !

ITULBO, *comme terrifié par l'aspect de Bertram.*

Capitaine...

BERTRAM, *avec un accent terrible.*

Retirez-vous.

(*Sans opposer la moindre résistance, tous se retirent en donnant les marques de la plus humble soumission. Bertram les suit des yeux*).

CLOTILDE.

Grâces vous soient rendues, seigneur; je vais instruire madame la comtesse de ce que vous avez fait pour elle, afin qu'elle-même vous en témoigne sa reconnaissance. Justement, elle approche.

(*Mouvement terrible de Bertram ; il saisit avec violence le bras de Clotilde et semble lui ordonner le plus profond silence. Puis, jettant un dernier regard sur Imogène, il couvre sa figure de ses deux mains et s'éloigne précipitamment*).

SCÈNE III.

CLOTILDE, IMOGÈNE.

CLOTILDE.

Quels regards sombres et menaçans ! quelle fuite précipitée! sa démarche m'avait rassurée, mais je ne sais maintenant que penser...

IMOGÈNE.

Eh! bien, Clotilde, le bruit que j'entendais?..

CLOTILDE.

Je ne m'étais pas trompée, madame; c'étaient les éclats de la joie de ces hommes échappés à la tempête et consolés par vos bienfaits.

IMOGÈNE.

Leur gaîté bruyante et barbare m'alarme, je te l'avoue ! ce dérèglement dans un château hospitalier ne convient point à des hommes à peine délivrés d'un horrible danger !.. cependant tous ne s'abandonnent pas aux mêmes transports; en traversant la galerie, j'en ai remarqué un qui se tenait à l'écart, sa figure était à demi couverte par son manteau, mais j'ai cru reconnaître en lui cet homme que je n'ai fait qu'entrevoir au monastère et dont l'affreux délire m'a causé tant d'effroi.

CLOTILDE.

C'est lui-même, madame ; il paraît être le chef de ces marins ; du moins, il lui suffit d'un mot pour les forcer à se soumettre.

IMOGÈNE.

Fais-le venir. Il y a chez lui un mystère qui m'intéresse.

CLOTILDE.

Comment oserez-vous l'entretenir seule ? son aspect est terrible !

IMOGÈNE.

C'est pour ce motif que je désire le voir ; les impressions terribles sont passées pour moi.

(*Clotilde sort après un moment d'hésitation*).

SCÈNE IV.

IMOGÈNE , ensuite BERTRAM.

IMOGÈNE.

D'où peut naître l'intérêt que cet homme m'inspire ? je ne sais , mais ses cris de douleur retentissent sans cesse à mon oreille ! je l'attends et mon cœur semble battre avec plus de violence !.. ah ! si , comme moi , il porte une âme désespérée, je ne veux pas le tromper par un seul mot de consolation.

(*Bertram s'avance à pas lents , les bras croisés , et les regards fixés sur la terre*).

Il approche !.. un objet semblable à cet être mystérieux m'a poursuivie dans mon sommeil... serait-ce encore ?..

(*La lune en ce moment semble voilée par un nuage et ne répand plus sur la scène qu'une faible lumière*).

(*Bertram parvient au bord du théâtre , et reste sans regarder Imogène*).

J'ai désiré te voir séparé de tes compagnons , dans la crainte que tu ne fusses importuné par leur joie bruyante. Ta fortune serait-elle anéantie par ce naufrage ?.. mon or...

BERTRAM.

On me comblerait en vain de toutes les richesses de l'univers.

IMOGÈNE.

Alors je devine ton malheur : ton cœur est enseveli dans les flots impitoyables , avec une amie adorée ou un frère chéri ;

ton âme a péri là !.. je te plains, infortuné; c'est tout ce que je puis faire. Je pouvais te donner de l'or, mais je ne saurais donner de la consolation, car je suis inconsolable aussi.

BERTRAM, *frappant son cœur.*

Rien ne peut calmer les tourmens qui me déchirent.

IMOGÈNE.

Ton extérieur est étrange, mais tes discours le sont encore davantage, dis-moi, cependant, ta famille... ta patrie...

BERTRAM.

Qu'importe! les malheureux n'ont point de patrie : une patrie... c'est une demeure fixe, de tendres parens, des amis généreux, des lois protectrices, tout ce qui unit l'homme à l'homme. Je n'ai rien de tous ces biens; je n'ai point de patrie, point de famille.

IMOGÈNE.

Je tremble de l'entendre. Il y a quelque chose de solennel dans sa voix. Les souvenirs se pressent sur mes esprits... puisque mes secours ni mes larmes ne peuvent te soulager, adieu, adieu! et quand le sentiment de la misère te conduira au pied des autels, n'oublie pas de prier pour une femme encore plus à plaindre que toi.

BERTRAM.

Attendez, dame généreuse, il est important que je vous dise encore quelques mots. (*Imogène effrayée veut se retirer*) Reste! tu ne me quitteras pas!

IMOGÈNE.

Je ne te quitterai pas?.. qui es-tu?.. parle!

BERTRAM.

Et dois-je parler encore?.. il y avait jadis une voix que tout le monde, excepté toi, pouvait oublier; et tout le monde, excepté toi, pouvait être pardonné pour cet oubli.

IMOGÈNE.

Qu'entends-je?.. ô Dieu! non... non !.. ces cheveux noirs, ce visage basané, ce regard farouche... pourtant cette voix... mais cela est impossible... il aurait prononcé mon nom.

BERTRAM.

Imogène !..

(*Pendant la fin de sa phrase, elle s'est approchée de lui insensiblement en tremblant; et quand il prononce son nom, elle jette un cri*).

IMOGÈNE.

C'est lui !

BERTRAM.

Imogène... oui, dans cet état de pâleur et de mort, tu peux être pressée contre ce cœur désolé... c'est ainsi que maintenant je veux te voir pâle, évanouie, morte pour la nature entière, comme pour Bertram...

IMOGÈNE, *revenant à elle, sortant de ses bras.*

Sauve-toi, sauve-toi, tes ennemis sont ici.

BERTRAM.

Imogène! pourquoi te trouves-tu dans ces murs? Que fais-tu dans le palais d'Aldini? une lueur infernale éclaire mon esprit... jure que le hasard ou la force t'a conduite ici! tu ne saurais être... non!.. mon cœur se gonfle d'angoisses; l'enfer n'a point de tourment plus affreux, oh! non... non... non... tu n'as pu me tromper.

IMOGÈNE.

Je suis l'épouse d'Aldini, je lui ai donné ma main pour sauver un père mourant de besoin.

BERTRAM.

L'épouse d'Aldini!..

IMOGÈNE.

Maudis-moi; consomme l'horrible fatalité de ma vie, car je l'épousai, accablée de désespoir et poursuivie par d'affreux présages; cet hymen ne m'a jamais promis que le malheur, il n'y manquait que la malédiction de Bertram.

BERTRAM, *sans la regarder.*

Parler de son père! mais un père pouvait-il aimer comme moi? l'être le plus misérable de la terre, chérit au moins une pensée, qui rend son triste cœur le sanctuaire de quelques rêves consolans, et dans laquelle il se réfugie pour verser de douces larmes. C'est ce que tu étais pour moi... et tu es perdue! dans le besoin, dans la guerre, dans d'effroyables hasards, je me suis quelquefois étonné de devenir humain, rien que de penser à toi. Imogène aurait tremblé pour mon danger, Imogène aurait versé du baume sur mes blessures, Imogène aurait cherché mon corps parmi les morts et l'aurait bientôt reconnu... et tu étais épouse. épouse... n'y avait-il pas d'autre nom pour te flétrir, que celui d'épouse de mon éternel ennemi. Ai-je échappé à la guerre, à la misère, à la famine, pour périr par la perfidie d'une femme!

IMOGÈNE.

Épargne-moi, Bertram; oh! pour ton propre salut...

Bertram. 4

BERTRAM.

La vengeance d'un despote, la malédiction d'un pays ingrat, l'abandon des faux amis que cette main libérale a nourris, la puissance de mon cœur avait triomphé de tout! un seul trait mortel devait m'atteindre, et c'est ta main qui l'a dirigé!..

IMOGÈNE.

Tu n'as pas entendu les cris de mon père! ô ciel! point de nourriture, point de vêtemens, point d'asile! combien j'avais longtemps imploré le secours de la providence, avant que mon âme égarée par l'excès du désespoir, pût endurer la pensée horrible d'en épouser un autre; il fallait m'unir à lui, ou voir mourir mon père.

BERTRAM.

Tu trembles que je ne te maudisse!.. Ne tremble pas; quoique tu m'aies rendu le plus misérable des hommes, je ne veux pas te maudire! écoute la dernière prière du cœur déchiré de Bertram, de ce cœur brisé par toi seul, et non par ses ennemis. Puisses-tu satisfaire, dans toute leur étendue, à la vanité de tes désirs! puissent la pompe et l'orgueil remplir ton âme, jusqu'à ce que tu sois dégoûtée de leur néant! puisse celui que tu as épousé être bon et généreux envers toi, jusqu'à ce que ton cœur, poignardé par sa noble tendresse, succombe aux remords de ta perfidie! puissent les sourires de ton enfant déchirer le sein d'une mère infortunée, qui ne peut pas aimer le père de son enfant! et dans la splendeur de tes banquets somptueux, quand tes vassaux s'agenouillent devant toi, et que tes parens sourient de satisfaction autour de toi, puisse l'ombre de Bertram apparaître et te rappeler tes sermens rompus, en criant : salut et joie à l'orgueilleuse dame de Caldora, tandis que ses ossemens blanchiront aux pieds des tours de ton château.

IMOGÈNE, *le relevant.*

Attends.

BERTRAM.

Non.

IMOGÈNE.

Tu as un poignard.

BERTRAM.

Non pas pour une femme.

IMOGÈNE, *se traînant à ses genoux.*

Je n'ai jamais fait d'autre prière que de mourir près de toi... mais ces affreux reproches...

BERTRAM, *se retournant.*

A mes pieds!... Imogène!.. Va, je te pardonne du fond de mon âme.

SCÈNE V.

Les Mêmes, L'Enfant.

(*L'enfant d'Imogène vient en courant se jetter dans les bras de sa mère*).

L'ENFANT.

Ma mère!.. ma mère!..

BERTRAM.

Que vois-je!

IMOGÈNE.

Mon fils! (*Elle cherche à l'éloigner de Bertram*).

BERTRAM, *le saisissant avec force.*

Rassure-toi!.. (*Il considère l'enfant quelque temps en silence, sans paraître s'apercevoir de l'effroi d'Imogène, puis il l'embrasse et s'écrie*). Imogène! Bertram a embrassé ton enfant!

(*Il fuit, Clotilde entre et le regarde avec étonnement et terreur*).

SCÈNE VI.

IMOGÈNE, CLOTILDE, L'Enfant.

L'ENFANT.

Clotilde, dis donc la bonne nouvelle à ma mère, car il m'a fait peur et je n'ai pas osé parler.

CLOTILDE, *à Imogène qui paraît plongée dans un état de stupeur.*

Madame, le noble Comte, votre illustre époux!..

IMOGÈNE, *avec terreur.*

Mon époux!..

CLOTILDE.

Vient d'envoyer un de ses pages vous annoncer sa prochaine arrivée!..

IMOGÈNE.

Il revient!..

CLOTILDE.

Dans quelques minutes il sera près de vous.

IMOGÈNE.

Mon dieu! prenez pitié de moi!...

CLOTILDE.

Déjà cette heureuse nouvelle s'est répandue dans le château; serviteurs et vassaux, tout le monde s'est réuni pour faire au comte Aldini une réception digne de lui.

L'ENFANT, à *Imogène*.

Viens, viens au-devant de mon père!.. J'aurai bien du plaisir à l'embrasser.

IMOGÈNE, *à part*.

Et ce malheureux !..

(*Hugo et Alife traversent la scène, suivis de nombreux domestiques qui vont et viennent avec empressement, afin de tout disposer pour recevoir Aldini*).

HUGO.

Dépêchons-nous, et surtout pas de confusion?..

IMOGÈNE.

Hugo, le Comte?..

HUGO.

Sera ici dans quelques instans, madame. Il revient vainqueur des rebelles, et la réception que je lui prépare sera digne de lui. Soyez tranquille, j'étais sûr que monseigneur viendrait nous surprendre, mais j'avais pris mes précautions d'avance.

IMOGÈNE, *à son fils*.

Allons le recevoir.

(*Tandis que les domestiques continuent à parcourir la scène et à disposer leurs préparatifs, Imogène, prenant son fils par la main, fait signe à Clotilde de la suivre et se prépare à sortir. Dans ce moment, le son des fanfares retentit dans les airs; une foule de chevaliers, pages, écuyers, etc., garnissent le fond du théâtre, et le comte Aldini, suivi d'une cour brillante, s'offre aux regards de son épouse*).

SCÈNE VII,

ALDINI, IMOGÈNE, CLOTILDE, L'Enfant, HUGO, et les Gens de la suite au fond.

ALDINI.

Chère Imogène !

IMOGÈNE.

Seigneur !..

ALDINI.

Donne-moi cette main chérie. Qu'il est doux pour le soldat

fatigué, de se reposer au sein du bonheur, et de trouver près
d'une femme adorée, la récompense de ses longs travaux.
Félicite-moi, mon amie, la victoire a partout couronné nos
efforts, et, privés de leur chef, les rebelles sont tombés sous
nos coups, ou ont été forcés de se soumettre.

IMOGÈNE.

Monsieur le Comte, croyez que je rends grâce au ciel de la
protection qu'il a daigné vous accorder.

ALDINI.

Je te présente nos fidèles compagnons d'armes ; c'est à leur
courage, à leur intrépidité, que je dois mes victoires. Ils ont
partagé mes périls, je veux qu'ils partagent mes plaisirs. Ren-
trons au château, qu'un banquet somptueux célèbre nos
triomphes et le retour de la paix.

HUGO, s'approchant.

Tout est disposé, monsieur le Comte, mais si votre sei-
gneurie le permet, c'est ici même que la fête aura lieu.

ALDINI.

Ici !.

HUGO.

Oui, monseigneur... peut-être craignez-vous que l'obscurité ne nuise à vos plaisirs, mais j'ai tâché de tout prévoir, autant du moins que cela m'a été possible. Je vais vous en donner
une preuve.

(*Hugo fait un signe, aussitôt une illumination a lieu sur
la terrasse et dans les jardins. Au même instant, une foule
de villageois des deux sexes, élégamment vêtus, entourent
les chevaliers, en leur offrant des bouquets et des branches
de laurier. Aldini témoigne à Hugo sa satisfaction, puis
il se place avec Imogène sur un espèce de trone qui vient
de s'élever comme par enchantement.*

BALLET.

(*Après la danse, qui doit être vive et courte, Aldini et
Imogène redescendent en scène*).

ALDINI, *à Imogène dont la tristesse et l'agitation n'ont
fait que s'accroître pendant la fête.*

Qu'as-tu donc, chère Imogène ? j'espérais que mon retour
te causerait plus de joie.

IMOGENE, *met la main sur son cœur.*

Seigneur !..

ALDINI.

Plus d'une fois j'ai senti ta main tressaillir dans la mienne ;

tes regards semblaient errer avec crainte autour de toi! Que peux-tu redouter?..

IMOGÈNE.

Rien... rien... je vous jure...

ALDINI.

Imogène, je veux te croire, cependant...

IMOGÈNE, *jettant un cri de terreur.*

Grand dieu!

ALDINI, *vivement.*

Qu'est-ce donc?.. (*Tous les chevaliers s'approchent*).

IMOGÈNE, *à part.*

J'ai cru le voir encore! (*Haut et d'une voix tremblante*). De grâce, retournons au château.

ALDINI, *après un moment de silence.*

Venez, chevaliers; Conrad, qu'un des nôtres se tienne prêt à partir pour porter au souverain la nouvelle de notre victoire; qu'on traite avec douceur les rebelles qui sont en notre puissance, et qu'on redouble d'efforts pour atteindre leur chef. Je promets mille nobles d'or à qui m'apportera la tête de Bertram.

IMOGÈNE, *à mi-voix et en frémissant.*

La tête de Bertram!..

SCÈNE VIII.

BERTRAM, IMOGÈNE, ALDINI, *dans le fond continuant à donner ses ordres aux chevaliers qui l'entourent.*

BERTRAM, *sortant du bosquet qui entoure le trône, en baissant la voix.*

Imogène!

IMOGÈNE, *avec l'expression de la plus grande terreur.*

C'est lui!

BERTRAM.

Il faut qu'un moment encore je puisse vous parler.

IMOGÈNE.

Qu'oses-tu me proposer?

BERTRAM.

Il y va de la vie de votre époux!

IMOGÈNE.

De mon époux!

BERTRAM.

De celle de votre fils!..

IMOGÈNE.

De mon fils !..

BERTRAM.

Une heure !

IMOGÈNE.

Pour toi ?

BERTRAM.

Pour moi !.. ce sera la dernière. (*Il disparaît derrière les arbres du bosquet*).

IMOGÈNE.

Jamais !.. jamais !.. éloigne-toi !.. fuis !.. la mort !..

(*Sa voix expire sur ses lèvres, ses jambes se dérobent sous elle, elle tombe dans les bras du Comte, qui est accouru pour la soutenir. Mouvement général d'inquiétude et d'agitation. On emporte Imogène, et tout le monde la suit avec empressement*).

Le théâtre change et représente un salon de l'appartement d'Imogène.

SCÈNE IX.

ALDINI, ensuite CLOTILDE.

(*Des pages portant des flambeaux précèdent Aldini ; ils les déposent et se retirent sur l'ordre de leur maître.*)

ALDINI, *d'abord seul.*

Sa tristesse m'alarme ! son existence solitaire en est sans doute l'unique cause !.. j'ai vécu trop longtemps loin d'elle !.. funeste ambition !.. je pouvais trouver le bonheur au sein de ma famille, et j'ai tout sacrifié à la vengeance et à la gloire... retrouverai-je aujourd'hui cette douce félicité que tant de fois j'ai dédaignée !

CLOTILDE.

Madame la Comtesse se trouve mieux !.. elle va se rendre dans cet appartement.

ALDINI.

Elle se trouve mieux, dites-vous !.. et vous me l'annoncez avec autant de tristesse que si j'avais à trembler pour ses jours !

CLOTILDE.

Je vous assure...

ALDINI.

Quel est donc l'avenir qui m'attend ? les accens de la douleur sont-ils les seuls qui désormais frapperont mon oreille ?

CLOTILDE.

Voici la Comtesse, Monseigneur. (*elle se retire après l'en-
trée d'Imogène.*)

SCÈNE X.

ALDINI, IMOGÈNE.

ALDINI.

Chère Imogène! combien tu m'as alarmé!

IMOGÈNE.

Rassure-toi, ce n'est rien. Une douleur subite avait oppressé
mon cœur; mais à présent, je me sens beaucoup mieux!..

ALDINI.

C'est l'habitude d'une solitude profonde qui cause chez toi
cette sombre mélancolie; mais ton sort va changer, je viens
de mettre fin à la guerre la plus désastreuse, puisqu'il m'a fallu
combattre nos compatriotes, devenus nos plus cruels ennemis.
Tu as entendu parler de Bertram, le banni?.. mais, quoi!
son nom te fait frémir, comme si la bande de ce chef féroce
était déjà sous nos murs.

IMOGÈNE.

Non, non.

ALDINI.

Tu sais que favori du souverain, sa folle ambition le porta
jusqu'à lutter contre son maître; dans cette crise terrible, je
devins le défenseur de ma patrie. J'arrachai le serpent du sein
de l'état; je le livrai d'abord au mépris public, et je l'aban-
donnai ensuite à sa ruine.

IMOGÈNE.

Je sais...

ALDINI.

Le rebelle voulut être grand, même dans sa chûte. Les
hommes désespérés qu'il avait attachés à sa cause, épouvan-
tent toute la contrée sur les côtes de la Sicile. Je les ai vain-
cus, et Bertram s'est vu forcé de se rembarquer précipitamment. On m'a dit que son navire dirigeait sa course sur nos
rivages, car il me hait autant que je l'abhorre. Peut-être la
dernière tempête m'aura épargné d'autres poursuites; mais si
Bertram vivant se retrouvait sur la terre...

IMOGÈNE.

Crois-tu qu'il cherche ici un refuge?

ALDINI.

Que je délivre enfin la Sicile de ce rebelle! et ma tâche

sera remplie; je me serai montré digne de l'estime de mon souverain et j'aurai mérité la reconnaissance de mes compatriotes. Dès-lors, chère Imogène, je n'existerai plus que pour ton bonheur. Près de toi, près de mon fils, je n'aurai pas une idée qui ne t'appartienne, pas un moment qui ne te soit consacré. Tu pourras juger alors à quel point tu m'es chère ; tu verras que ce n'est point le vain appât des grandeurs, mais le sentiment de mes devoirs qui m'a retenu si longtemps loin de toi. Car même au milieu des prestiges de l'ambition je n'aspirais qu'à me reposer en paix au sein de ma famille, à la voir toujours heureuse ; à couler mes jours dans une vieillesse honorable, à les finir en serrant ta main fidèle, et en te regardant encore, quoique glacé par les années, avec des yeux pleins d'amour.

IMOGÈNE.

Jamais... jamais tu ne les fixeras sur moi. Le cœur que la douleur inspire, ne peut se tromper. Je me meurs, Aldini ! un mal invisible qui ne peut trouver de soulagement, mine mon existence. Ne me regarde pas avec cet air de bonté qui augmente ma douleur. Quand je ne serai plus, n'écoute pas de vains discours sur celle qui ne pourra plus se défendre. Et.. s'il ne meurt pas sur ma tombe... aime mon enfant, comme tu l'aimais pendant la vie de sa mère.

ALDINI.

Bannis ces tristes pensées. Encore quelques jours et je ne te quitterai plus. Mais il me reste un devoir à remplir. On m'a dit qu'un vaisseau avait échoué sur les rochers qui bordent la côte et que toujours bonne, toujours compatissante, tu avais offert un asile à ces malheureux naufragés.

IMOGÈNE.

Pourrais-tu me blâmer ?..

ALDINI.

Non, sans doute. Mais la prudence veut que j'obtienne sur ce vaisseau et sur son équipage tous les renseignemens qui me sont nécessaires ; j'ai fait mander Hugo dans mon appartement et je vais...

IMOGÈNE.

Reste près de moi, je t'en conjure.

ALDINI.

Je ne le puis ; bientôt...

IMOGÈNE.

Aldini, ne me refuse pas !..

Bertram.   5

ALDINI.

Cesse de me retenir. En donnant un asile à ces infortunés, tu n'as consulté que ton cœur; mais sais-tu s'ils sont dignes de ta bienfaisance?.. Des pirates, aux ordres de Bertram, infestent ces mers!.. si tu n'avais introduit dans ce château qu'une horde de brigands et d'assassins! tu frémis!.. laisse-moi le soin de veiller à ta sûreté. Adieu, chère Imogène, puissent des songes riants faire trève un instant à tes tristes pensées, et puissé-je te voir enfin aussi heureuse que tu mérites de l'être.

(*Il l'embrasse et s'éloigne, des pages entrent et le précèdent dans son appartement, à gauche du spectateur*).

SCÈNE XI.

IMOGÈNE, CLOTILDE, *au fond*.

IMOGÈNE.

Ce combat est au-dessus de la force humaine!.. d'un côté un époux dont les vertus, dont la tendresse devrait assurer mon bonheur, et de l'autre... oh! pourquoi l'ai-je revu!.. mais hélas! on va le reconnaître!.. et la mort!.. Non, il ne mourra pas!.. Clotilde va le trouver!.. guide ses pas jusqu'en ces lieux; je veux le voir!.. c'est me rendre coupable, je le sais, mais je puis seule le décider à fuir!.. va. (*Clotilde sort*).

SCÈNE XII.

IMOGÈNE, *d'abord seule*, ensuite BERTRAM.

IMOGÈNE.

C'en est fait, chaque instant me rapproche de l'abîme creusé sous mes pas, et bientôt je serai forcée de m'y précipiter!.. O! Bertram, Bertram!.. voudra-t-il suivre mes conseils? voudra-t-il s'éloigner de ces lieux!.. Mais, que dis-je!.. en aura-t-il le temps?.. si déjà mon époux!.. J'entends le pas de quelqu'un!.. Serait-ce une illusion?.. oh! non! il ressemble au bruit qui tant de fois a retenti dans mon cœur agité... C'est lui. (*Bertram entre, sa démarche est lente et son front est sévère; Imogène continue*). Approche, c'est un crime pour moi de te revoir encore, et cependant je ne puis m'occuper que des dangers qui te menacent; sauve-toi, dans un instant peut-être, il ne sera plus temps. Plût au ciel que tu ne fusses point entré dans ces murs, ou que tu en fusses parti plutôt! Mon dieu! il ne me regarde pas? pourquoi viens-tu, quel projet t'amène? je connais... c'est du mal... mais quel dessein...

BERTRAM.

(*Une pause pendant laquelle elle regarde fixement*).
Ne peux-tu le lire sur mon visage?

IMOGÈNE.

Je n'ose... un nuage d'idées sinistres me dérobent ta pensée; mais ce que mes craintes me font voir indistinctement me glace d'effroi. (*Elle se retourne*).

BERTRAM.

Ne vois-tu rien à mon silence?.. ce que ma bouche ne dit pas, s'annonce de soi-même.

IMOGÈNE.

Mes sens abattus n'ont plus qu'un objet de crainte; ils redoutent d'être obligés à penser...

BERTRAM, *tirant son poignard.*

Où est Aldini! l'aurore ne doit pas nous trouver vivans tous deux!

IMOGÈNE, *jette un cri.*

Grand dieu!..

BERTRAM.

Écoute; Aldini a causé tous mes malheurs; il m'a ravi mon rang, mes biens, il m'a banni de ma patrie: c'est par lui que je suis maintenant le dernier des hommes; je lui dois jusqu'aux crimes que j'ai commis!... tu m'as trahi pour devenir son épouse! et cependant je me serais abaissé devant lui comme un coupable repentant, car je l'avais injurié et l'injure mutuelle aurait peut-être affranchi mon cœur de la haine qui le dévore, mais il a voulu me réduire au dernier degré du désespoir! il a proscrit ma tête!.. il veut que je paraisse en sa présence pour marquer sa victime et la livrer à ses bourreaux! eh! bien, ce projet affreux ne s'accomplira pas!.. Et puisque l'épée de Bertram ne peut plus se mesurer contre celle d'Aldini, le poignard du bandit déchirera son cœur.

IMOGÈNE, *se jettant au-devant de lui.*

Retire-toi... ne me résiste plus!.. Mes cris vont remplir le château, et ta perte est assurée.

BERTRAM.

Tes cris! s'ils révèlent mon secret, ils proclameront aussi le tien. Va, qu'ils retentissent jusqu'à l'oreille d'Aldini, je le veux. Qu'il sache que tu trahis son amour pour celui qu'il appelle un brigand!

IMOGÈNE.

N'importe! qu'il me maudisse et que je sauve ses jours! je

dois souffrir, je m'y suis condamnée ; mais je ne partagerai point l'horreur de tes forfaits. Éloigne-toi, éloigne-toi, ou mes cris vont devenir le signal de ta mort.

BERTRAM.

Il n'est point de menace qui puisse enchaîner ma fureur ! laisse-moi.

IMOGÈNE.

Eh ! bien, ne sois point sourd à mes prières, je tombe à tes genoux. Songe que c'est moi qui t'ai donné un asile ; le sang que tu verserais retomberait sur ma tête. Bertram, prends pitié de moi !..

BERTRAM.

Non ! mon cœur est comme l'acier que je presse dans ma main !

IMOGÈNE.

Non, Bertram, tu ne peux être insensible à mes pleurs, à mes sanglots. Bertram !.. Bertram !.. je t'en conjure, prends pitié de la malheureuse Imogène !

BERTRAM, *avec effort.*

Eh ! bien, vois quelle est ma faiblesse, je consens à te sacrifier ma vengeance !..

IMOGÈNE.

Se peut-il ?

BERTRAM.

Oui, mais j'exige que tu abandonnes à jamais ton odieux époux ! il t'aime ! je veux qu'il sache ce qu'on souffre en perdant l'objet qu'on adore ! il faut que tu renonces aux honneurs, à la fortune, pour partager ma honte et ma misère !.. Viens, suis-moi, mes gens se sont assurés d'une barque !.. Cherchons un rocher, où loin des hommes, nous puissions n'exister que pour nous,

IMOGÈNE.

Que me proposes-tu ?

BERTRAM.

Viens ; à ce prix seulement, je puis épargner sa tête !

IMOGÈNE.

Abandonner mon époux et mon fils !.. Jamais !..

BERTRAM.

Tu me refuses !

IMOGÈNE.

Je suis épouse, je suis mère ; plutôt mourir que de manquer aux devoirs sacrés que ces titres m'imposent !

BERTRAM.

Ecoute-moi !..

IMOGÈNE.

Non, non !.. je ne suis déjà que trop coupable...

BERTRAM, *avec rage.*

Qu'il meure donc !..

IMOGÈNE.

Arrête !

BERTRAM.

Prières inutiles !.. sa mort a été mon espoir pendant bien des années de misère, et sans cet espoir qui me soutenoit depuis longtemps, j'aurais embrassé la mort. Je viens pour exécuter une détermination inébranlable ; et ni toi, ni tous les anges qui le protègent ne sauraient le défendre !

IMOGÈNE.

Les hommes le défendront, âme impitoyable! au secours! au secours !

BERTRAM.

Tu appelles en vain. Tes vassaux armés sont trop loin pour se rendre à ta voix.

IMOGÈNE, *tombant à terre.*

Homme cruel !.. Dieu voit le comble de ma misère... je suis perdue !..

BERTRAM.

(*Un cor se fait entendre*). D'où vient ce bruit ! mes assassins sont arrivés... Calme-toi, Aldini ne périra pas par les mains des brigands. (*Il sort*).

SCÈNE XIII.

IMOGÈNE, *regardant autour d'elle et se remettant lentement, répète ses dernières paroles*).

Il ne périra point! ah ! ce n'était qu'un songe, un songe horrible; il n'était pas ici! cela est impossible... je ne veux pas rester un moment seule, dans la crainte que le spectre ne revienne... Clotilde! Clotilde !

SCÈNE XIV.

IMOGÈNE, CLOTILDE.

CLOTILDE, *entre.*

Ne m'appelez-vous pas ?

IMOGENE.

Que je m'appuie sur toi! laisse-moi te presser avec force! que je sente une créature humaine qui m'aide à repousser ces fantômes!

CLOTILDE.

Quel trouble! quelle agitation!.. pourquoi avez-vous désiré de revoir Bertram?

IMOGENE.

Bertram!.. grand dieu! ce n'était donc pas une vision! je l'ai vu! ah! prévenons cet épouvantable forfait!

CLOTILDE.

Où courez-vous?

IMOGENE.

Je veux sauver Aldini!..

CLOTILDE.

Monsieur le Comte n'est plus au château.

IMOGENE.

Il n'est plus au château!

CLOTILDE.

Il vient de se rendre au monastère.

IMOGENE.

Es-tu bien sûre?..

CLOTILDE.

Voilà du moins ce que m'a dit Hugo.

IMOGENE.

O mon Dieu! je te remercie; ses jours seront sauvés. Clotilde, cours, assure-toi qu'il n'est plus en ces lieux. Tout autre sentiment doit céder à celui de mon devoir. Appelle nos vassaux, fais-leur prendre les armes; instruis les chevaliers des dangers qui menacent leur noble Seigneur. Va, ne perds pas un moment!..

CLOTILDE.

J'y cours, madame.

IMOGENE.

Aldini! oh! du moins, je sauverai tes jours.

(*A l'instant où Clotilde va sortir, on entend en dehors un murmure sourd de voix sombres et menaçantes. Clotilde s'arrête tremblante; Imogène paraît saisie d'effroi*).

CLOTILDE, *désignant le côté d'où part le bruit.*

Madame!..

IMOGENE.

Quel bruit! je crois distinguer... ah! nous sommes tous

perdus. Dieu tout puissant! je t'implore pour mon époux!
N'y a-t-il pas d'espoir, point de secours?

(*Elle regarde vers la porte, et voit marcher lentement
les bandits de Bertram, qui se rangent en bataille*).

Aucun, aucun! il n'y en a plus! sa troupe menaçante
m'entoure... je veux faire un dernier effort pour les désarmer.
S'ils sont hommes ils m'écouteront.. (*Elle s'élance vers eux,
ils avancent en présentant la pointe de leurs épées*). Il n'y
a rien d'humain dans leurs âmes! plus d'espoir!.. si j'entendais
son dernier cri pour demander un secours impossible... si je
l'entendais appeler son épouse et son enfant... miséricorde...
Bertram, miséricorde!.. (*On entend du bruit d'armes au
dehors. Imogène fait un mouvement subit; et marche vers
la porte en chancelant*).

ALDINI, *au dehors.*

Retire-toi... scélérat! retire-toi!..

BERTRAM.

Que ce titre de scélérat retourne à ton âme! je suis Bertram!
(*Aldini fuit devant Bertram, s'élance sur le théâtre et
tombe aux pieds d'Imogène*).

ALDINI.

Que je meure aux pieds de mon Imogène!.. Imogène,
n'arrêteras-tu pas le sang qui coule de mon cœur? ne veux-tu
pas me regarder? ah! du moins sauve notre fils!
(*Imogène aperçoit son fils dans les bras d'Itulbo, elle
court, s'en empare, et vient tomber avec lui près de son
époux. Bertram se tient à coté d'Aldini renversé, et le con-
temple le poignard à la main*).

Fin du deuxième acte.

ACTE III.

*Une vaste et riche salle du château de Caldora; à droite,
est un trophée avec la bannière du Comte Aldini.*

SCÈNE PREMIÈRE.

LE SOLITAIRE, CONRAD, Chevaliers, Soldats et Vassaux
des deux sexes.

(*Au lever du rideau, tous ces personnages entourent le
trophée, sont groupés diversement et paraissent plongés
dans la douleur*).

LE SOLITAIRE.

A peine quelques heures se sont écoulées, et ces lieux où se faisaient entendre les accens de la joie, ne retentissent plus que des cris de la douleur. Les riantes images du bonheur se sont dissipées comme un songe ; le désespoir et la mort !.. voilà désormais le partage des tristes habitans de ce château !.. Noble Aldini ! tes vertus, ta générosité n'ont pu te faire trouver grâce devant ton meurtrier ! ah ! que nos pleurs coulent sur ta tombe et que des regrets éternels honorent ta mémoire !

CONRAD.

C'est peu de déplorer la perte de ce héros ! il faut venger sa mort !.. Il faut punir son assassin...

LE SOLITAIRE.

Une prompte fuite l'a dérobé à vos coups. Ces lieux étaient déserts à l'instant de notre arrivée. Nous les avons parcourus vainement sans trouver la trace d'un ami, ni celle d'un ennemi !.. Le meurtrier s'est échappé !..

CONRAD.

Plusieurs de nos chevaliers se sont mis à la poursuite des bandits qu'on avait recueillis à Caldora, car je ne doute point que ce ne soient ces misérables qui aient commis le crime.

LE SOLITAIRE.

Les monstres ! est-ce donc là le prix de la généreuse hospitalité qu'ils avaient reçue ?

CONRAD.

Les recherches continuent dans toutes les parties du château ; mais au milieu de ce désordre épouvantable, que sont devenus la Comtesse et son fils ?

LE SOLITAIRE.

Je frémis de l'apprendre !

CONRAD.

S'ils avaient partagé le sort du malheureux Aldini, leurs restes sanglans auraient frappé nos regards ; mais nul vestige !.. nulle trace !..

LE SOLITAIRE.

Peut-être les bandits, dans l'espoir d'obtenir une forte rançon !...

CONRAD.

Quel bruit se fait entendre ?..

SCÈNE II.

Les Mêmes, CLOTILDE, amenée par plusieurs Chevaliers.

UN CHEVALIER.

Nous venons de découvrir cette femme.

LE SOLITAIRE.

Clotilde!.. dis-nous ce que tu sais du meurtrier, de ton seigneur, de ses vassaux?.. parle!

TOUS LES CHEVALIERS.

Parlez!..

CLOTILDE.

De grâce!.. laissez-moi rappeler mes esprits? La crainte, la douleur?..

LE SOLITAIRE.

Hâtez-vous de nous instruire!

CLOTILDE.

La lutte sanglante n'a duré que peu d'instans; saisis de terreur, les vassaux qui restaient se sont rapidement éloignés. Les bandits, chargés de butin, ont pris la fuite!.. je les ai vus franchir les murs!.. cependant l'un d'eux paraissait connaître les plus secrètes issues du château... et je crois qu'il y est engagé.

LE SOLITAIRE.

Était-ce leur chef?..

CLOTILDE.

Non, leur chef est parti comme eux.

CONRAD.

Et la Comtesse?

CLOTILDE.

Désespérée du meurtre de son époux, massacré presque dans ses bras, elle est sortie du château en emportant son fils!.. Sa raison paraissait égarée. J'ai voulu la suivre! vains efforts! l'obscurité m'a fait perdre ses traces!..

CONRAD.

Ils ont épargné ses jours!

CLOTILDE.

Hélas!.. le comte était l'unique objet de leur fureur!

CONRAD.

Et qui a pu porter ces misérables?..

CLOTILDE.

Un seul a frappé.

Bertram.

CONRAD ET LES CHEVALIERS.

Un seul !..

CLOTILDE.

Oui ; le chef !..

LE SOLITAIRE.

Grand dieu ! la cause de ce forfait épouvantable m'est connue maintenant !.. Chevaliers, que votre malédiction tombe sur ma tête ! c'est moi qui ai livré Aldini au poignard de son assassin !..

TOUS.

Vous !

LE SOLITAIRE.

Connaissez la vérité. Le chef de ces malheureux, échappés au naufrage, était l'implacable ennemi du comte Aldini, c'était Bertram !

TOUS, *avec horreur.*

Bertram !

LE SOLITAIRE.

Il m'avait confié son nom. Touché de ses infortunes, je ne voulus point le livrer au supplice, et je gardai son secret !

TOUS LES CHEVALIERS.

Bertram !

LE SOLITAIRE.

Devais-je croire que ma pitié produirait de si épouvantables désastres ! pouvais-je penser qu'à l'instant où je sauvais ses jours, le cruel Bertram méditait un nouveau crime !.. Ministre d'un dieu de paix, devais-je appeler la mort sur la tête d'un malheureux, dont le repentir pouvait effacer les fautes !.. Noble Aldini, ombre chère et sacrée !.. pardonne ; j'ai cru remplir le plus saint des devoirs, et je suis devenu le complice du meurtrier !..

(*Il tombe à genoux près du trophée et paraît en proie au plus violent désespoir. Tout le monde l'entoure et s'agenouille en silence. Une musique douce et religieuse doit peindre cette situation*).

SCÈNE III.

Les Précédens, IMOGÈNE, l'Enfant.

(*Soudain un cri terrible perce la voûte. Tout le monde se lève, et tous les regards se portent vers le fond de la scène. C'est Imogène, elle est pâle, ses vêtemens sont en désordre et ses cheveux épars flottent sur ses épaules. D'une main*) elle tient son fils étroitement embrassé; de l'autre elle montre avec effroi le groupe qui entoure le trophée. Ses yeux sont hagards, et ses traits renversés. Tout le monde la considère avec un muet étonnement. Tout-à-coup, elle s'élance au milieu des chevaliers).

IMOGENE.

Ce sont eux ! ils me poursuivent encore !.. ah ! par pitié, sauvez-moi, sauvez-moi !

LE SOLITAIRE.

Te sauver !.. et de quoi ?..

IMOGENE.

De la terre, du ciel, de l'enfer ! tous ! ils sont tous armés et s'élancent sur moi !   (Tout le monde l'entoure).

CONRAD.

Ces misérables bandits oseraient-ils ?..

IMOGENE.

N'exigez pas de moi ce récit effroyable, leurs momens sont précieux; courez, volez à son secours, car il est étendu sur la terre et baigné dans son sang !..

LE SOLITAIRE.

Clotilde, prenez cet enfant.

IMOGENE.

Mon fils !.. n'essayez point de l'arracher de mes bras !.. c'est moi qui l'ai soustrait aux poignards des assassins !.. il n'a plus que moi pour le défendre. Il n'a plus de père. (avec un accent terrible). Nous l'avons tué...

LE SOLITAIRE.

Grand dieu !

CONRAD ET LES CHEVALIERS.

Que dit-elle ?

IMOGENE.

C'est pourtant l'affreuse vérité ! c'est la suite exécrable de l'amour criminel qui dévorait mon cœur !.. sans moi, le meurtrier n'aurait pu parvenir jusqu'à lui !.. c'est moi qui l'ai introduit jusqu'auprès d'Aldini, c'est moi qui ai dirigé son bras, et c'est à mes pieds que la victime est tombée.

LE SOLITAIRE.

O mon dieu ! dois-je croire à cet excès d'horreur !

IMOGENE, tombant à ses pieds et saisissant son habit, sans lâcher l'enfant.

Mon père, je suis bien coupable; pardonnez-moi !..

LE SOLITAIRE.

Laissez-moi, laissez-moi!..

IMOGÈNE, *toujours à ses genoux.*

Je ne le puis!.. je n'ai plus d'espérance qu'en ta pitié, qu'en la bonté du ciel?..

LE SOLITAIRE.

Et vous, chevaliers, redoublez d'efforts pour découvrir la retraite de l'assassin! Ne quittez pas vos armes qu'Aldini ne soit vengé!

CONRAD.

Jurons devant dieu de ne prendre aucun repos que l'assassin ne soit puni!..

TOUS LES CHEVALIERS, *l'épée à la main, entourant le trophé.*

Nous le jurons!

CONRAD, *d'une voix terrible.*

Mort à l'exécrable Bertram!

TOUS.

Mort à Bertram!

SCÈNE IV.

LE SOLITAIRE, BERTRAM, IMOGÈNE, CLOTILDE, CONRAD, et les Chevaliers *dans le fond.*

(De l'une des galeries du fond, Bertram s'avance lentement. Son air est calme; il tient encore à la main le poignard avec lequel il a frappé Aldini. Son attitude est si imposante et si terrible que les chevaliers restent immobiles de surprise. Il marche à pas mesurés, sans qu'on l'arrête. A sa vue, Imogène jette un cri déchirant et tombe dans les bras de Clotilde et des femmes qui l'entourent et l'éloignent aussitôt, sans que Bertram ait remarqué ce mouvement).

TOUS.

Qui es-tu?

BERTRAM.

L'assassin!.. qui vient se livrer à vous.

LE SOLITAIRE.

Oui, c'est toi?.. je reconnais ton terrible caractère. Malheureux! quel démon t'a conduit en ces lieux pour les couvrir de deuil? n'ai-je sauvé tes jours que pour te voir commettre de nouveaux forfaits? est-ce donc ainsi que tu devais reconnaître les soins que je t'ai prodigués?

BERTRAM.

Tu ne m'as point imploré pour Aldini ; et quand tu l'aurais fait, penses-tu que j'aie pu me laisser fléchir par tes prières, lorsque j'ai refusé sa vie aux larmes de celle que j'adorais? Depuis longtemps je ne respirais que pour la vengeance, et maintenant que ma haine s'est assouvie, je regrette de n'être pas tombé sous les coups de mon ennemi. (*regardant partout avec effroi*).

LE SOLITAIRE.

Avancez et saisissez ce monstre. Emparez-vous de lui avant que ses blasphèmes aient amassé sur nos têtes les ruines de ce palais.

BERTRAM,

N'approchez-pas, ou chaque goutte de mon sang coûterait la vie à celui de vous qui oserait le répandre ; je ne puis être soumis que par ma volonté. J'ai fait sortir mes bandits de ces murs, j'ai assuré leur retraite et je suis revenu seul au milieu de vous. Vous demandez vengeance de votre maître assassiné.. eh! bien, (*jettant son poignard*). saisissez-moi, car je viens pour me rendre et non pas pour combattre.

LE SOLITAIRE.

Encore une fois, déteste ton crime et implore le pardon ; humilie-toi devant dieu, ta victime est là...

(*Une longue pause*).

BERTRAM.

J'ai offensé le ciel, je ne veux pas le tromper. Fais-moi donner la mort, mais n'attends de Bertram aucun signe de faiblesse.

CONRAD.

Sa vie est proscrite dans toute la Sicile ; cependant nous ne pouvons le livrer au supplice, sans avoir entendu sa défense. Que le conseil s'assemble, que Bertram y paraisse, et qu'il tente de se justifier.

BERTRAM.

Hâtez-vous de me conduire à la mort. Mes compagnons peuvent apprendre les dangers que je cours, il n'en est pas un qui me donnât sa vie pour conserver la mienne, et ils ont plus d'un moyen d'arriver jusqu'à moi. (*S'adressant au Solitaire*). Tu la verras!.. Dis-lui de ne pas maudire ma mémoire, bientôt, elle sera vengée. (*Il sort avec Conrad et les chevaliers*).

SCÈNE V.

LE SOLITAIRE, CLOTILDE.

LE SOLITAIRE, *à Clotilde qui sort de l'appartement d'Imogène.*

Eh! bien?

CLOTILDE.

Elle est moins agitée, mais sa douleur a quelque chose d'effrayant.

LE SOLITAIRE.

L'infortunée!... avant peu, un grand exemple sera donné; un homme qui pourrait être l'honneur de sa patrie, et que la violence de ses passions a conduit dans la route du crime, va périr de la mort des scélérats!.. Clotilde, que la comtesse ne puisse soupçonner ce terrible événement.

CLOTILDE.

Rassurez-vous; je veillerai sur ma bonne maîtresse, c'est la dernière preuve d'attachement que peut-être il me sera permis de lui donner.

LE SOLITAIRE.

Dieu de bonté, daigne toucher le cœur de ce malheureux, et que du moins, son repentir le rende digne de ta clémence!..
(*Il sort en proie à la plus vive affliction*).

SCÈNE VI.

CLOTILDE, *seule.*

Que de malheurs! ma pauvre maîtresse pourra-t-elle s'en consoler jamais!.. Le désordre de son esprit la rend maintenant insensible à ses maux!.. Mais, hélas, elle ne recouvrera sa raison que pour sentir toute l'horreur de sa situation. Quel bruit! il vient de côté!.. (*S'approchant et entrouvrant la porte par laquelle les chevaliers ont emmené Bertram*). C'est dans cette salle qu'est assemblé le conseil!.. Je vois les chevaliers; Bertram est au milieu d'eux!.. Et cet homme est un meurtrier!

SCÈNE VII.

CLOTILDE, L'Enfant.

L'ENFANT.

Clotilde, viens donc consoler ma mère.

CLOTILDE.

Que lui est-il arrivé?

L'ENFANT.

Je ne sais pas; j'ai beau le lui demander, elle ne veut pas me répondre, on dirait qu'elle ne me reconnaît pas.

CLOTILDE.

Venez, mon ami, allons la retrouver.

L'ENFANT.

La voici.

SCÈNE VIII.

CLOTILDE, L'Enfant, IMOGÈNE.

(*Une morne tranquilité a succédé au délire dans lequel elle était plongée; ses yeux égarés se promènent lentement autour d'elle sans s'arrêter sur aucun objet. Elle ne reconnait pas Clotilde. La décoration est devenue plus sombre*).

CLOTILDE, *à l'enfant.*

Silence! elle paraît plongée dans une profonde rêverie... ne la troublons pas!..

IMOGÈNE.

Si je pouvais dissiper les nuages qui s'épaississent sur mon front!.. est-ce le soir ou l'aurore?.. Je ne sais; un triste crépuscule pèse sur mon âme!.. il s'étend sur tous les objets; il les obscurcit et les confond! (*Apercevant Clotilde*). Une femme!.. approche!.. la joie brille dans tes regards; tu m'apportes donc une heureuse nouvelle?.. Le comte Aldini revient dans son château. (*Ils se tiennent à l'écart*).

CLOTILDE, *à part.*

Mon dieu! faut-il la voir dans une situation si cruelle!

IMOGÈNE.

Écoute. (*Baissant la voix*). Ne le dis pas au Comte; je l'ai revu!.. il est ici. Mais que ces traits sont altérés!.. il a souffert autant que moi.

CLOTILDE, *à part.*

Plus d'espérance!

IMOGÈNE, *avec l'accent du désespoir.*

Partez... laissez-moi! vous êtes des bourreaux! je connais votre horrible mission. Qui vous a envoyée?.. Cessez de me poursuivre!.. ce n'est pas moi!.. j'ai demandé sa vie; mais rien n'a pu fléchir le courroux de Bertram!.. il lui fallait une victime et je l'ai vu tomber sous ses coups. (*Saisie d'horreur,* elle se laisse aller sur un siège près de l'avant-scène, puis reprend après un instant de silence). Ils m'ont abandonnée!.. Hélas, tout m'abandonne...

L'ENFANT, poussé par Clotilde, et s'approchant en tremblant.

Moi, ma mère, je ne te quitterai pas.

IMOGÈNE, avec joie.

Mon enfant!.. mon fils!.. est-ce ta voix?.. ciel! tu m'as donc permis de le revoir encore!

L'ENFANT.

Ah! tu me reconnais à présent!

IMOGÈNE.

Cher enfant, ta douce voix semble calmer le désordre de mes sens!.. je crois entendre un ange implorer mon pardon pour détourner de ma tête coupable les vengeances célestes!.. viens, mon fils, viens sur le cœur de ta mère.

(Elle l'embrasse avec la plus vive tendresse et reste quelques instans comme plongée dans une douce extase en contemplant son fils).

CLOTILDE, à part.

Quel heureux changement! oh! s'il était possible!..

SCÈNE IX.

Les Mêmes, UN CHEVALIER.

LE CHEVALIER, à Clotilde.

Demoiselle, les chevaliers assemblés pour décider du sort de Bertram!..

CLOTILDE, l'interrompant vivement.

Plus bas! (montrant Imogène). Voulez-vous lui donner la mort!

LE CHEVALIER, baissant la voix.

Il faut que vous paraissiez à l'instant même devant le conseil, et, qu'en présence de l'accusé, vous répétiez vos aveux.

CLOTILDE.

Je ne puis quitter Imogène.

LE CHEVALIER.

Il le faut. Je vais faire prévenir les femmes de la comtesse afin qu'elles viennent veiller sur elle.

CLOTILDE.

Je dois obéir; heureusement, elle paraît plus calme! (s'avançant vers Imogène). Ma bonne maîtresse...

IMOGÈNE, *avec douceur.*

Laisse-moi ; j'ai retrouvé mon fils ; laisse-moi toute entière
à mon bonheur.　　　　(*Clotilde suit le chevalier*).

SCÈNE X.

IMOGÈNE, L'Enfant.

L'ENFANT.

Ma mère, pourquoi as-tu renvoyé Clotilde ?

IMOGÈNE.

Paix ! tais-toi !.. je crois entendre !..

(*Elle écoute attentivement*).

L'ENFANT.

Quoi donc ?

IMOGÈNE.

Je ne m'étais pas trompée ; c'est le son du cor, il annonce le retour de ton père ! viens au devant de lui ! viens
donc. S'il ne nous voit pas, il croira que je ne l'ai jamais ai-
mé !.. et je ne veux pas que ce soupçon puisse entrer dans son
cœur !

L'ENFANT, *cherchant à la retenir.*

Ma mère !.. ma mère !.. (*Imogène entraîne son fils et
ne s'arrête qu'à la vue du trophée*).

IMOGÈNE.

Que vois-je !.. pourquoi l'avoir placé sous mes yeux ?.
c'est lui ?.. c'est lui ?.. (*avec l'expression de la plus vive terreur*). Il s'éveille ! il se lève !.. il s'avance vers moi ! il va
rompre l'éternel silence du tombeau !.. ô mon enfant ! élève
vers lui tes mains suppliantes !.. c'est Aldini ! c'est ton père !..
implore-le pour moi. Ciel ! il veut t'entraîner avec lui dans
l'abyme ! sauvons-nous, sauvons-nous !

(*Elle veut fuir et emporter son enfant ; soudain le son
lugubre de la trompette se fait entendre !.. il part de la
salle du Conseil*).

IMOGÈNE, *n'ayant plus la force de marcher,*

Quel bruit sinistre ! sommes-nous en présence de l'éternel ?

UNE VOIX, *partant de la salle du Conseil.*

En réparation du crime d'assassinat commis sur la personne
du comte Aldini de Caldora, Bertram et ses complices sont
condamnés à périr par la main du bourreau.

(*Imogène jette un cri, se jette à genoux et cache sa figure dans ses mains. Le même son de trompette se fait encore entendre*).

Bertram.　　　　　　　　　　　　7

IMOGÈNE, *se relevant brusquement et avec toutes les marques du désespoir.*

C'en est fait, tout m'accuse !.. tout s'élève contre moi !.. les prières mêmes s'animent au-devant de mes pas ; tout ce qui est privé d'existence en reçoit une pour me maudire !.. où fuir !.. qui es-tu, toi qui viens me surprendre dans les ténèbres ? c'est ainsi que l'on approche furtivement pour épier les coupables ! Eh ! bien, tu connais mon crime, tu vas être témoin de mon châtiment !

(*Furieuse, elle saisit un poignard au milieu des armes d'Aldini, et saisissant son fils, elle se traîne jusque près du trophée. L'enfant jette des cris affreux*).

SCÈNE XI.

Les Mêmes, LE SOLITAIRE, CLOTILDE, et quelques Serviteurs.

LE SOLITAIRE.

Arrête, malheureuse !

CLOTILDE.

Grand dieu !.. (*on la désarme et on lui arrache l'enfant*).

LE SOLITAIRE.

Veillez sur cet enfant, Clotilde, nous ne pourrions sans danger le laisser près de sa mère. On amène Bertram ; éloignons cette infortunée, puissent mes soins et mes consolations rendre la paix à son âme !

(*Imogène est restée immobile et comme plongée dans une stupeur effrayante : le Solitaire lui prend la main, elle se laisse conduire sans résistance. Clotilde sort d'un autre côté avec l'enfant*).

SCÈNE XII.

BERTRAM, CONRAD, Chevaliers, Gardes.

CONRAD.

Ton jugement est prononcé. Tout se dispose pour rendre les derniers devoirs au malheureux Aldini, et l'instant de ses funérailles sera celui de ton supplice. Prépare ton âme et déplore tes crimes. (*Bertram le regarde avec mépris*).

CONRAD.

Eh ! quoi !.. pas le moindre repentir !..

BERTRAM, *l'interrompant brusquement.*

Cessez, insensés que vous êtes !.. voudriez-vous que MOI

je sentisse des remords! voulez-vous ajouter à mes maux?.. laissez-moi seul. Ni cachots, ni chaînes, ni tortures ne parlent au meurtrier comme la voix de la solitude.

CONRAD, *aux hommes d'armes.*

Veillez sur lui. (*Il sort suivi des chevaliers*).

SCÈNE XIII.

BERTRAM, Plusieurs Hommes d'armes.

(*Les hommes d'armes se promènent au fond du théâtre, tandis que Bertram est seul sur l'avant-scène*).

BERTRAM, *à lui-même.*

Voilà donc où devait me conduire la fatalité qui n'a cessé de s'attacher à moi?.. Imogène! c'en est fait, j'ai tout perdu!.. honneur, rang, fortune, tout m'a été ravi!.. ma gloire criminelle même m'a quitté!.. j'étais né pour honorer le nom d'homme, et je suis au-dessous de l'être le plus misérable de la nature!.. j'aurais dû le braver au sein de son palais; j'aurais dû me mesurer avec lui dans les champs de l'honneur et non pas le surprendre au sein de la paix, pour lui donner la mort. Bertram, Bertram! tu n'es plus qu'un assassin !

(*Pendant ce monologue, les hommes d'armes continuent à se promener dans le fond: l'un d'eux, cependant, saisit l'instant où ses camarades lui tournent le dos pour s'approcher de Bertram et s'écrier à demi-voix*).

Bertram !

BERTRAM, *avec humeur.*

Eh! ne pouvez-vous me laisser mourir en paix?

ITULBO, *levant la visière de son casque.*

Non, car tu ne mourras pas ?

BERTRAM.

Itulbo !

ITULBO, *baissant sa visière.*

Silence !

BERTRAM, *à demi-voix.*

Que me veux-tu?

ITULBO, *de même.*

Te sauver !

BERTRAM.

Où sont tes compagnons?

ITULBO.

Prêts à me seconder.

BERTRAM.

Je refuse leurs secours.

ITULBO.

Tu as raison, nous pouvons nous en passer; reprends tes armes, combattons et sortons de ce château.

BERTRAM.

Non, non, je n'en sortirai plus.

ITULBO.

En ce cas, je cours chercher tes gens.

BERTRAM, *élevant la voix.*

Je te défends !..

ITULBO.

Prends garde ! on a les yeux sur nous.

(*Moment de silence pendant lequel Itulbo feint de se promener comme les autres gardes*).

BERTRAM, *s'approchant de lui avec plus de précaution et baissant la voix.*

Où as-tu pris cette armure?

ITULBO, *sans s'arrêter.*

Sur le corps de celui qui la portait. Un détachement de leurs soldats s'est mis à notre poursuite; ils nous ont rencontrés, et pas un n'est revenu en apporter la nouvelle.

(*Il continue à se promener*).

BERTRAM.

Je vous avais ordonné de fuir.

ITULBO.

Il fallait nous donner l'exemple.

BERTRAM.

Les plus grands périls vont vous environner !

ITULBO.

Tu sais bien que ce n'est pas là ce qui nous arrête.

BERTRAM.

Leurs soldats sont nombreux.

ITULBO.

Nous sommes braves.

BERTRAM.

Vous ne pourrez échapper !..

ITULBO.

Mets-toi à notre tête et nous pourrons tout ce que tu voudras.

BERTRAM.

Déjà, l'on semble t'examiner avec défiance !

ITULBO.

Je m'en apperçois.

BERTRAM.

Consens à t'éloigner.

ITULBO.

Pas sans toi !..

(*Les gardes qui se promenaient au fond se sont arrêtés et semblent examiner attentivement Itulbo. L'un d'eux se détache et sort*).

BERTRAM.

Itulbo, je t'en supplie !

ITULBO.

Viens, il en est temps encore !

BERTRAM.

Jamais! je veux mourir ici !

ITULBO.

Eh! bien, tu ne tarderas pas à me revoir. Et tu ne mourras pas, ou Itulbo te précédera dans la tombe.

(*Il a dit ces derniers mots dans le coin de l'avant-scène à gauche, en examinant les mouvemens des soldats qui s'avancent doucement et paraissent vouloir s'emparer de lui; tout-à-coup Itulbo passe brusquement devant Bertram et s'éloigne rapidement par la droite. Les soldats restent un moment stupéfaits. Conrad entre*).

SCÈNE XIV.

CONRAD, BERTRAM, Gardes.

CONRAD.

Suivez cet homme et assurez-vous de lui.

BERTRAM.

Il est perdu !.. et c'est moi !..

(*Les soldats sortent précipitamment par la droite. Bertram tombe dans une profonde rêverie. Le son du beffroi et de la trompette annonce l'heure du supplice. Les chevaliers et les soldats entrent sur une marche lugubre et lente. Les armes sont renversées; leurs bannières sont couvertes de crêpes funèbres, etc. Le cortège s'arrête au fond du théâtre. Plongé dans ses réflexions, Bertram n'a pris aucune part à tout ce qui s'est passé sur la scène. Le Solitaire entre et le regarde quelques instans en silence*).

SCÈNE XV.

LE SOLITAIRE, BERTRAM, *tout le monde au fond.*

LE SOLITAIRE.

Bertram, le signal de ton supplice vient de retentir dans les airs.

BERTRAM, *avec joie.*

Est-il donc vrai?.. je ne l'ai pas entendu.

LE SOLITAIRE.

Encore quelques minutes et tu quitteras cette terre dont tes crimes t'on rendu l'épouvante et l'horreur!

BERTRAM.

Alors! tout sera réparé.

LE SOLITAIRE.

Tout!.. peux-tu le croire? malheureux! je viens par compassion pour ton âme, et pour pleurer sur ce cœur que rien ne peut fléchir. (*Une longue pause*). Bertram, tu touches au moment d'une mort terrible. Repens-toi, mon fils, mon cher fils! (*Il pleure et le regarde avec inquiétude*). N'ai-je pas vu dans tes yeux une larme de repentir?

BERTRAM.

Peut-être une larme serait tombée, si tu avais pu ne pas la voir.

LE SOLITAIRE, *se l'vant avec dignité*).

(*Son de tamtam*). Voici l'affreux signal; Bertram, écoute, c'est Dieu, qui par ma voix te parle pour la dernière fois. Repens-toi, et tu seras pardonné! (*Second son de tamtam*).

(*Bertram, fortement ému, se tourne vers le Solitaire; au même instant on entend un cri terrible. Bertram en est frappé d'horreur*).

LE SOLITAIRE, *étendant les bras vers la galerie où l'on a transporté Imogène.*

Plaide pour moi, toi dont les cris horribles viennent percer le cœur de celui que mes prières n'ont pu toucher!

BERTRAM, *égaré.*

Quel est cette voix? Ne me le dis pas! ne la nomme pas! je t'en conjure...

LE SOLITAIRE.

C'est Imogène. Elle est plongée dans le plus affreux délire et pourtant dans l'excès de son désespoir, elle n'a jamais maudit ton nom.

(*Bertram cherche à s'élancer vers elle; mais entendant*

un second cri, il reste consterné. Imogène sort avec fureur se dégageant de ses femmes. Elles restent en arrière).

IMOGÈNE.

Laissez-moi, laissez-moi, laissez-moi! point d'épouse, point de mère! (*Elle court en avant jusqu'à Bertram, qui reste immobile*). Ah? je te retrouve enfin! maintenant, je ne te quitterai plus!

BERTRAM, *tremblant.*

Effrayante apparition! (*il recule devant elle*).

IMOGÈNE, *le suivant.*

Rends-moi mon époux; rends-moi mon enfant; on dit que mes esprit sont égarés, pourtant je te connais bien, regarde-moi On voudrait lier ces membres épuisés... moi, je ne demande que la mort... la mort de ta main...

(*Bertram la regarde fixement, puis, il s'élance vers le Solitaire, et tombe à ses pieds*).

BERTRAM.

Qui a inventé cela? où sont les tortures que j'espérais? ce supplice est au-dessus de mes forces!... cessez!... éloignez-la!.. ne suis-je pas abattu maintenant? ne suis-je pas humilié sous vos pieds? (*il s'agite aux pieds du Solitaire, ensuite il se tourne vers les chevaliers*) N'y a-t-il pas de malédiction qui flétrisse éternellement un nom d'homme! n'y a-t-il pas de main pour percer le cœur d'un soldat? n'y a-t-il point de supplice pour finir les jours d'un assassin?

IMOGÈNE, *se levant au dernier mot de Bertram.*

Bertram!

(*Il s'élance vers elle, et prononce d'abord faiblement le nom d'Imogène, mais lorsqu'il l'approche, et qu'il voit dans ses regards la folie et le désespoir, il le répète encore une fois, sans oser l'approcher, jusqu'à ce que la voyant tomber dans les bras de Clotilde, il la saisit dans les siens*).

IMOGÈNE.

Bertram! avais-je mérité les malheurs qui me sont venus de toi? (*Ses yeux se ferment; elle tombe et reste sans connaissance dans les bras de Bertram*).

LE SOLITAIRE.

C'en est fait. Eloignez ce malheureux!

(*Les chevaliers avancent. Bertram fait signe d'une main qu'ils s'éloignent, et de l'autre il soutient Imogène*).

BERTRAM.

Laissez-moi! elle n'est pas morte! (*avec violence*). Elle ne doit pas mourir! Elle ne mourra pas, avant qu'elle ne m'ait pardonné! parle, parle-moi! chère Imogène! Elle ne parle ni ne respire. Je l'aimais; oui, je l'ai tuée; mais je l'aimais de toutes les forces de mon âme! quels bras pourront jamais nous séparer! (*Il a gagné le coin de la scène en la tenant toujours dans ses bras; les chevaliers semblent hésiter; dans ce moment, un bruit effroyable se fait entendre et un chevalier [accourt avec précipitation*).

SCÈNE XXI.
Les Mêmes, UN CHEVALIER.

LE CHEVALIER.

Tout est perdu!.. les bandits se sont introduits dans le château, par plusieurs issues dont nous ignorions l'existence; ils y ont mis le feu et bientot, il ne sera plus temps...

CONRAD.

Allons les combattre, et, pour ôter à ces misérables tout espoir de succès, que le meurtrier tombe à l'instant sous vos coups! frappez!..

(*Loin de songer à défendre sa vie, Bertram ne s'occupe que d'Imogène qu'il a déposé sur un fauteuil, et près de laquelle il s'est agenouillé. Imogène commence à reprendre ses sens; les chevaliers et les soldats s'avancent sur lui avec fureur; tous leurs glaives sont levés sur sa tête sans qu'il semble s'en appercevoir... Tout-à-coup Itulbo, qui s'est de nouveau glissé parmi les gardes, jette son casque et s'écrie: Sauvons Bertram!*

En disant ces mots, il frappe de son poing sur l'ornement d'une colonne; il en sort un son aigu et perçant comme s'il avait frappé sur un timbre; le plancher s'ouvre en plusieurs endroits et livre passage aux bandits qui se pressent autour de leur chef. Les chevaliers reculent épouvantés; ils sont chargés par d'autres pirates qui arrivent du fond de la galerie. Itulbo et les siens éloignent Bertram et Imogène. Un nuage d'épaisse fumée couvre la scène. L'incendie fait des progrès effrayans; les poutres embrasées tombent sur les pirates et les chevaliers qui combattent pêle-mêle, sans diminuer leur acharnement. Le fond du palais s'est écroulé, et l'on voit toutes les parties de cet immense château livrées à la fureur des flammes. Les groupes de combattans s'éloignent peu à peu. Bertram reparaît tenant dans ses bras Imogène. Il gravit un escalier du fond, il s'écroule sous ses pas et les deux amans disparaissent. La scène se couvre de bandits qui déplorent la perte de leur chef et la toile tombe sur ce tableau).   FIN.